POLYGLOTT on tour

Zypern

Der Autor

Ralph Raymond Braun

studierte Geschichte, Politik, Germanistik und Geografie und arbeitete zunächst als Lehrer und Reiseleiter. Seit 1984 schreibt er als freier Reisebuchautor über den Mittelmeerraum, die islamischen Länder sowie das Bodenseegebiet, seine Wahlheimat.

Reiseplanung

Land & Leute

Unterwegs auf Zypern

Hier wird Geschichte zum Erlebnis: Der Sonnenuntergang auf der Akropolis von Amathus und die grandiose Naturkulisse des römischen Theaters von Kourion werden Sie begeistern.

Der Westen kann mit jeder Menge Natur aufwarten: Eine Wanderung auf der Halbinsel Akamas oder ein Ausflug zur atemberaubenden Avgas-Schlucht gehören zum Programm vieler Naturfreunde.

Echt gut!

Karten

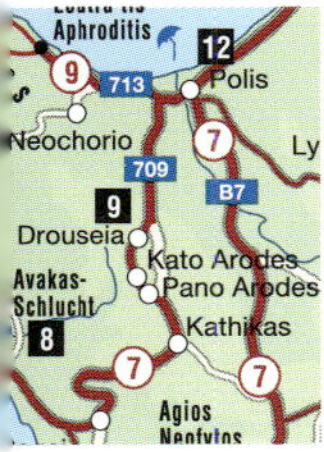

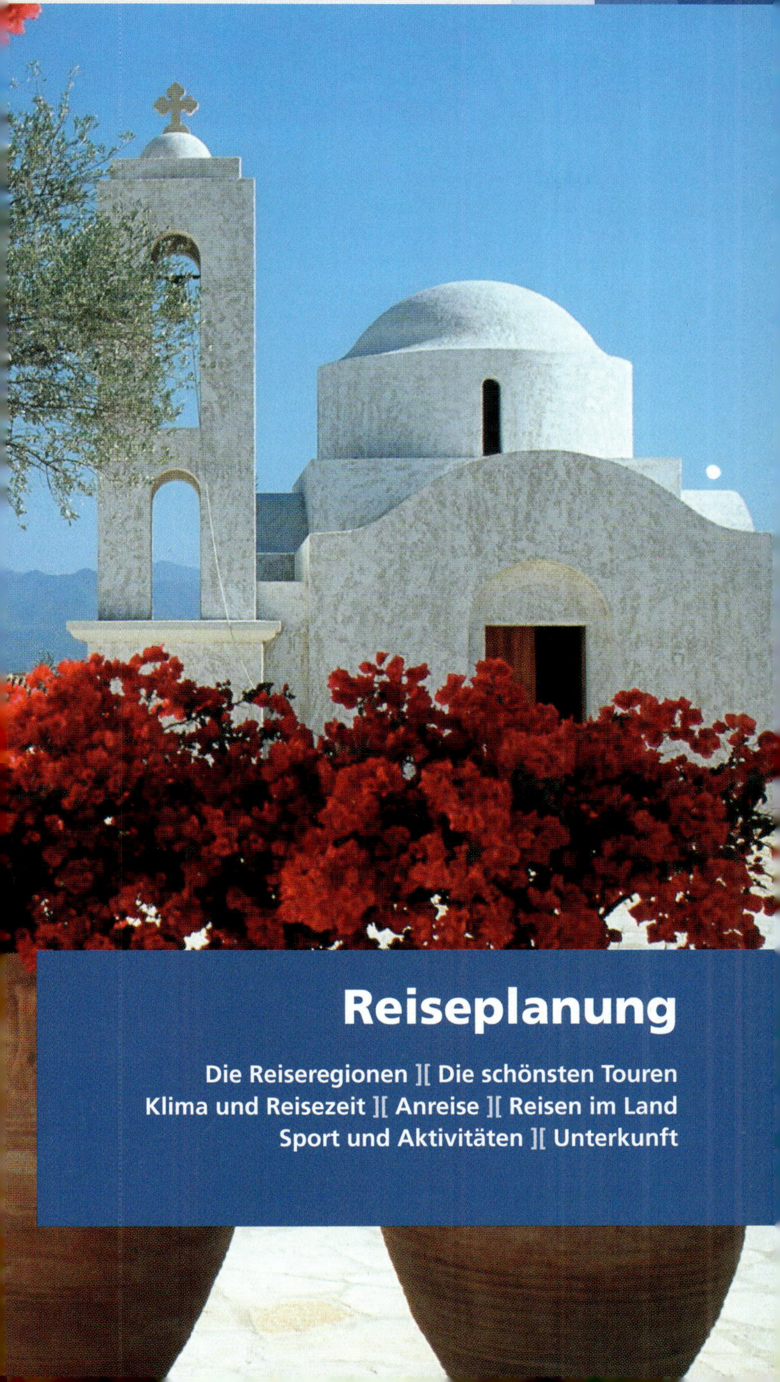

Reiseplanung

Die Reiseregionen][Die schönsten Touren
Klima und Reisezeit][Anreise][Reisen im Land
Sport und Aktivitäten][Unterkunft

Die Reiseregion im Überblick

»Geboren aus dem Schaum des Meeres«, wie es bei Homer heißt, betrat Aphrodite an Zyperns Gestaden die Menschenwelt. Die Göttin der Schönheit und der Liebe wusste, warum sie gerade hier aus dem türkisblauen Meer an den von sanften Wellen umspülten Strand stieg: Sonne beinahe rund um das Jahr, spektakuläre Klippen und mächtige Berge mit schattigen, angenehm kühlen Wäldern. Über Aphrodites Begegnungen mit Menschen wissen wir nichts, aber sie können nur sehr herzlich gewesen sein. Die Gastfreundschaft ist den Zyprern heilig, und das *Kopiaste!*, was in etwa »Tritt ein, setz dich und halte mit« bedeutet, ist das wichtigste Wort, das Besucher auf der Insel lernen.

Zypern bietet mehr als nur Badeurlaub und Kultur. Wenn sich an den ersten warmen Tagen die Urlauber am Strand sonnen, packen die Einheimischen oben im Troodos-Gebirge ihre Skier aus. Schon im Dezember blühen in der Mesaoria-Ebene Zistrosen, Anemonen und wilder Lauch als Frühlingsboten, und wenn es in den Bergen am kältesten ist, badet die Ebene in einem Meer aus rosafarbenen Mandelblüten.

Der Strand von Agia Napa

Der Badetourismus konzentriert sich auf den **Süden** der Insel. Ganz am Ende, um das Kap Gkreko, gibt es in Protaras, Pernera und Agia Napa die schönsten Sandstrände. Agia Napa hat zudem auch einen Namen als Partymetropole. Larnaka eignet sich gut für jene, die ihren Badeurlaub auch mit Abstechern zu den kulturellen Highlights der Insel verbinden wollen. In Einkaufsstraßen, Discos und Pubs von Limassol, so heißt es, werde das andernorts verdiente Geld schnell wieder ausgegeben. Mit seinem Karneval und dem Weinfest gilt die Hafenstadt als besonders lebensfroh.

Der **Westen** hat sich vom einstigen Armenhaus der Insel zu einer recht abwechslungsreichen Feriendestination gemausert. Die

Wanderer auf der unbewohnten Halbinsel Akamas im Westen Zyperns

Küstenlinie ist hier von Natur aus felsig. Paphos macht diesen Nachteil mit einer breiten Palette an archäologischen Sehenswürdigkeiten wett, allen voran mit seinen antiken Bodenmosaiken. Das bei Individualreisenden beliebte Polis hat sich dörflichen Charme bewahrt. Hier wie dort lädt das hügelige Hinterland zu Wanderungen und Ausflügen ein.

Im **Inland** lockt das Troodos-Gebirge mit seinen ausgedehnten Wäldern und den von der UNESCO zum Weltkulturerbe gezählten Scheunenkirchen. Kein Zypernbesucher sollte sich den Abstecher in die von einem mächtigen Wall umgürtete Altstadt von Nikosia entgehen lassen. Die »Grüne Linie« trennt Europas letzte geteilte Hauptstadt in einen griechischen und einen türkischen Sektor.

Die »Türkische Republik **Nordzypern**« wird als eigener Staat nur von der Türkei anerkannt. Auch wenn im Norden, genährt von der Hoffnung auf Wiedervereinigung, in den letzten Jahren viel gebaut wurde, ist dies immer noch der ursprünglichere Teil der Insel. Und der preiswertere. Naturfreunde kommen im Beşparmak-Gebirge und auf der Karpaz-Halbinsel auf ihre Kosten. Wer es lebhaft mag, wählt das Hafenstädtchen Girne als Urlaubsort.

Wanderurlaub auf Zypern

Die schönsten Wandergebiete Zyperns sind die Halbinseln Akamas und Karpaz sowie das Troodos- und das Beşparmak-Gebirge. Mitte März bis Anfang April ist die beste Zeit, um die seltenen Orchideen in voller Blütenpracht zu erleben. Mehr und mehr Rundwege werden markiert, oft sind sie als Nature Trails ausgeschildert. Quer durch die Insel führt der Fernwanderweg E 4. Es gibt aber noch nicht an allen seinen Etappenorten Unterkünfte.

Die schönsten Touren

Höhepunkte Zyperns in zwei Wochen

1 Larnaka › Famagusta › Nikosia › Girne › Limassol › Paphos › Akamas › Troodos-Gebirge › Larnaka

Dauer:
Larnaka › Famagusta 1 Std. per Mietwagen und Taxi; **Larnaka › Nikosia** 1 Std. per Mietwagen; **Nikosia › Girne** ½ Std. per Taxi; **Larnaka › Limassol** 1 Std. per Mietwagen; **Limassol › Paphos** 1 Std. per Mietwagen; **Paphos › Akamas** ¾ Std. per Mietwagen; **Paphos › Platres** 2 Std.per Mietwagen; **Platres › Larnaka** per Mietwagen 2 Std.

Verkehrsmittel:
Mit einem in Südzypern übernommenen Mietwagen sind üblicherweise keine Fahrten nach Nordzypern erlaubt. Deswegen empfiehlt sich für die Fahrt von Nikosia nach Girne das Taxi. Auch für den Abstecher nach Famagusta stehen an der Grenze Taxis bereit.

Sie beginnen Ihre Rundreise in **Larnaka** › S. 53 und stimmen sich dort auf Zypern etwa mit einem Bummel über die Uferpromenade oder mit einer Bootstour ein. Eine kurze Fahrt führt Sie von der Partymetropole **Agia Napa** › S. 47 ins Naturschutzgebiet am Wind verwehten Kap Gkreko. In Deryneia, dem letzten Dorf vor der Demarkationslinie, spähen Neugierige von Aussichtsplattformen hinüber in die verlassene Geisterstadt Varosha. Dann geht es in den türkischen Landesteil nach **Famagusta** › S. 124, die Stadt des Othello und der Kreuzritter, die hier prächtige gotische Kirchen hinterließen.

Zurück im griechischen Zypern steht die Hauptstadt ***Nikosia** › S. 91 auf dem Programm. Ohne große Formalitäten können Sie auch in das türkische Stadtviertel hinüber schlendern und dort orientalisches Flair schnuppern. Ein Taxi bringt Sie hinauf in die Kreuzritterburg ****St. Hilarion** › S. 117, auf die Kalksteinfelsen des Kyrenia-Gebirges, und weiter an die Nordküste nach **Girne** › S. 114 mit seinem romantischen, von alten Speicherhäusern gesäumten Hafen.

Am Weg in die lebensfrohe Großstadt **Limassol** › S. 59 lohnen Abstecher in Zyperns ältestes Kloster ***Stavrovouni** › S. 57. Am nächsten Tag besuchen Sie das herrlich auf einem Plateau über dem Meer gelegene Ruinenfeld ***Kourion** › S. 64 und haben die Qual der Wahl, sich gleich hier am Strand von den Besichtigungen zu erholen oder damit bis zum **Felsen der Aphrodite** (Petra tou Romiou) › S. 80 zu warten, an dem die Göttin dem Meer entstieg. Auch ein Besuch im Aphrodite-Heiligtum von Kouklia bietet sich an.

Höhepunkte im archäologischen Bezirk von **Paphos** › S. 72 sind die prächtig erhaltenen Mosaikfußböden, auf denen reiche Römer Episoden aus antiken Mythen und Heldengeschichten in Szene setzen ließen. Nördlich der Stadt hat sich der Avakas-Bach eine spektakuläre Klamm in den Fels gegraben. Auch die **Halbinsel Akamas** › S. 84 mit ihren Naturpfaden und dem »Bad der Aphrodite« lädt zu Spaziergängen und Wanderungen ein.

Das Troodos-Gebirge ist durch Straßen und Waldwege bestens erschlossen. Das Weindorf **Omodos** › S. 67 erinnert mit seinen weißen Häuschen an die Kykladen. In **Platres** › S. 100 ist noch etwas vom Flair der britischen Kolonialzeit zu spüren. Weitab von jedem Dorf liegt das palastartige Kloster ***Kykko** › S. 102, Zyperns reichster und mächtigster Konvent. Besuchen sollte man auch die charakteristischen, äußerlich recht bescheidenen »Scheunendachkirchen« mit ihren mittelalterlichen Wandmalereien. Die Schönste unter ihnen ist die von der UNESCO zum Weltkulturerbe geadelte Waldkapelle in ****Asinou** › S. 106. In der von Steilhängen geprägten **Region Pitsylia** › S. 104 erfreuen im Hochsommer zahlreiche Rosenfelder Augen und Nasen. Der Rückweg führt über das für Kunsthandwerk, Spitzen und Stickereien bekannte **Lefkara** › S. 58.

Der Felsen der Aphrodite

Eine Woche Nordzypern mit Nikosia

2 Girne › Güzelyurt › Soli & Vouni › Nikosia › Karpaz-Halbinsel › Famagusta › Beşparmak-Gebirge › Girne

Dauer:

Per Mietwagen: **Girne › Güzelyurt › Vouni** 1½ Std.; **Girne › Apostolos Andreas (Karpaz)** 2 ½ Std.; **Apostolos Andreas › Famagusta** 1½ Std.; **Famagusta › Girne** 1¼ Std.; **Girne › Nikosia** ½ Std.

Verkehrsmittel:

Einen Mietwagen › S. 16 können Sie vorab per Internet oder kurzfristig direkt bei einem Verleiher in Nordzypern buchen.
Beachten Sie, dass mit einem in Südzypern übernommenen Mietwagen üblicherweise Fahrten nach Nordzypern verboten sind. Nur wenige lokale Mietwagenfirmen machen eine Ausnahme.

Während einer Urlaubswoche können Sie alles Wesentliche an Kultur und Natur erleben, was Nordzypern zu bieten hat – und haben dabei noch genug Muße für faule Stunden am Strand, erholsame Wanderungen und lauschige Abende in Tavernen.

Die Küstenstraße von Vouni

Beginnen Sie Ihre Ferien mit der Erkundung des Hafenstädtchens **Girne** › S. 114. Bummeln Sie durch die mediterranen Gassen, besuchen Sie Festung mit ihren Museen und gönnen Sie sich eine Pause in den Cafés am malerischen Hafen. Auch ein Ausflug zur Burg ****St. Hilarion** › S. 117 passt gut ins Tagesprogramm.

Den nächsten Tag widmen Sie den Ausgrabungen von ***Soli** › S. 123 und **Vouni** › S. 124 im Westen der Insel. Am Weg dorthin liegt der Marktort **Güzelyurt** (Morfou) › S. 122 mit Kirche und Museum. Ein Abstecher führt in das Städtchen **Lefke** › S. 123 mit seinen schönen Palmengärten und interessanten Bergbau-Hin-

Karte Umschlag hinten

terlassenschaften. Zu jedem Zypern-Urlaub gehört schließlich der Besuch der Inselhauptstadt ***Nikosia** › S. 91.

Die Tour auf die Halbinsel Karpaz beginnt mit der Fahrt entlang der Nordküste. Nicht nur Kinder spielen auf der Burg **Kantara** › S. 132 gern Ritter und Burgfräulein. Das Dörfchen **Büyükkonuk** › S. 133 ist eine gute Adresse für den Kauf traditioneller Handwerkskunst. Auf Karpaz sollte man die Mosaiken von der Basilika **Agia Trias** › S. 133 und der Kreuzkuppelkirche **Agios Filon** › S. 133 anschauen und das **Andreas-Kloster** › S. 135. Auf dem Weg lädt der herrliche Dünenstrand **Golden Beach** › S. 135 zu einer Badepause ein. Bei **Kaleburnu** › S. 133 wurde jünst ein spätbronzezeitlicher Fürstensitz entdeckt. Einfache Übernachtungsmöglichkeiten gibt es im Hauptort **Dipkarpaz** › S. 133.

Dann steht **Famagusta** › S. 124 auf dem Programm. Shakespeare hatte es zur Bühne seines »Othello« gewählt. Vor der Stadt liegt die antike Metropole ***Salamis** › S. 130 und das **Barnabas-Kloster** › S. 129, in dem man die Gründungslegende von Zyperns Kirche erfährt. Im Beşparmak-Gebirge reicht der Blick von der Kreuzritterburg **Buffavento** › S. 120 bei gutem Wetter bis zum anatolischen Taurus. Der Garten des Klosters **Antifonitis** › S. 121 und die Waldparkplätze bei der Forststation **Alevkaya** › S. 120 eignen sich gut zum Picknick mit anschließender Wanderung. Die Lektüre von Lawrence Durells »Bittere Limonen« stimmt Sie auf **Bellapais** › S. 119 ein.

Die Kirche des Barnabas-Klosters, zu dem ein Ikonenmuseum gehört

Von der Region Girne (Kyrenia), wo die meisten Urlauber Quartier nehmen, lässt sich noch die entlegenste Ecke des türkischen Landesteils in gerade einmal zweieinhalb Autostunden erreichen. Schnell genug, um vom Ausflug abends wieder in das Hotel zurückkehren zu können. Nur für die Tour auf die Halbinsel Karpaz sollte man eine Zwischenübernachtung einplanen.

Touren in den Regionen

Touren	Region	Dauer	Seite
Auf den Spuren von Leonardo da Vinci	Süden	1–2 Tage	43
Wo Aphrodite dem Meer entstieg	Süden	1 Tag	44
Durch die Weindörfer der Koumandaria	Süden	1–2 Tage	45
Von der Partymeile zu den endlosen Stränden	Süden	1 Tag	45
Zyperns wilder Westen	Westen	1 Tag	69
Neue und alte Heiligtümer	Westen	1–2 Tage	70
Akamas und das Bad der Aphrodite	Westen	Halber Tag	70
Durch den Paphos-Wald	Westen	1–2 Tage	71
Rund um den Olymp	Inland	1 Tag	87
Naturerlebnisse im Troodos	Inland	1–2 Tage	88
Scheunenkirchen im Troodos	Inland	1–2 Tage	88
Klöster und Königsgräber	Inland	1 Tag	89
Unterwegs in der Altstadt von Nikosia	Inland	Halber Tag	89
Osmanische Kultur in Lefkoşa	Inland	Halber Tag	90
Altertümer an der Bucht von Morfou	Nordzypern	1 Tag	111
Im Beşparmak-Gebirge	Nordzypern	1 Tag	112
Burg Kantara und Zyperns erstes Ökodorf	Nordzypern	1 Tag	113
Die Halbinsel Karpaz	Nordzypern	1–2 Tage	113

Klima und Reisezeit

Das Mittelmeerklima beschert Zypern milde, feuchte Winter und warme, trockene Sommer. Nur im Troodos-Gebirge ist es auch im Sommer angenehm kühl. Dort erlaubt der im Dezember einsetzende Schneefall sogar bescheidenen Skibetrieb.

Im Frühling zeigt sich das sonst dürre und vertrocknete Land von seiner blühenden Seite. Idealer Reisemonat für die Küste ist der April. Bei Tag-Nacht-Temperaturschwankungen von 15 °C im Durchschnitt sollte man sowohl sommerliche Baumwollkleidung als auch Pullover und Regenschutz mitbringen.

Im Sommer wissen Wanderer die Berge zu schätzen. Auch zyprische Familien reisen während der Sommerferien (Mitte Juni bis Ende August) gerne ins Gebirge. Durch die am späten Vormittag einsetzenden Winde ist die Hitze auch an der Küste einigermaßen erträglich. Als unangenehm heiß wird das Sommerklima der Mesaoria-Ebene empfunden. Der trockene Sommer dauert bis in den Oktober oder gar November und geht ziemlich abrupt in die winterliche Regenzeit über. Restaurants und die meisten Hotels schließen. Obwohl die Winter, an europäischen Verhältnissen gemessen, noch warm sind, ist die Luft klamm und feucht. Zum Überwintern eignet sich Zypern daher kaum.

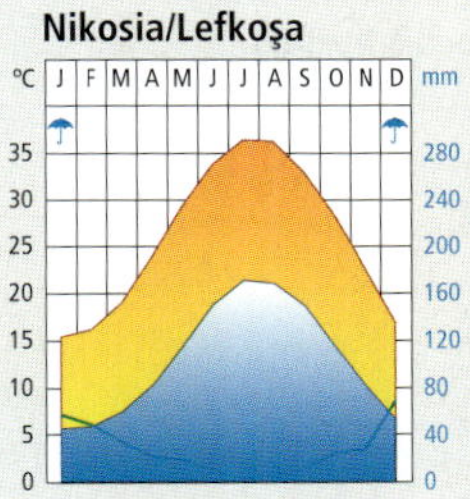

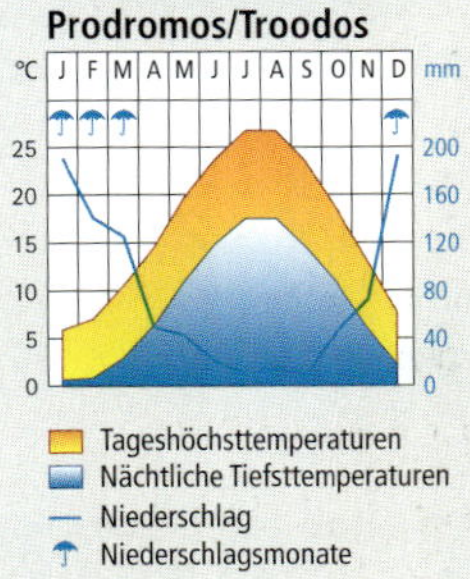

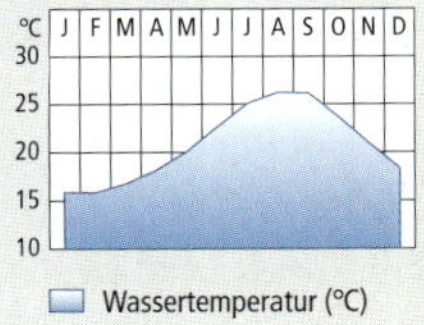

Reisen an Feiertagen

Wer während der islamischen Feiertage »Zuckerfest« und »Opferfest« nach Nordzypern oder während des orthodoxen Osterfests in den Süden zu reisen beabsichtigt, sollte Flug und Hotelzimmer frühzeitig buchen. An offiziellen Feiertagen verkehren in Südzypern keine Überlandbusse und Servicetaxis.

Anreise

Gesellschaften wie Cyprus Airways, Lufthansa und Austrian Airlines fliegen auf Zypern in erster Linie den Flughafen Larnaka an, landen in der Feriensaison aber auch auf dem Airport von Paphos. Die Preise beginnen je nach Saison und Konditionen bei etwa 250 €.

Auch Reisen nach Nordzypern gehen überwiegend über den Flughafen Larnaka. Für Individualtouristen organisieren die Hotels auf Anfrage den Transfer in den Norden. Wegen des internationalen Boykotts wird der im türkischen Landesteil gelegene Airport Ercan, 25 km östlich von Lefkoşa (Nikosia), nur von Cyprus Turkish Airlines (KTHY) und von türkischen Fluggesellschaften angeflogen. Üblich ist ein Zwischenstopp in Istanbul oder Antalya.

Von Silifke-Taşucu und Alanya auf dem türkischen Festland legen Fährschiffe nach Girne ab. Von Mersin besteht eine Verbindung nach Famagusta. Nur im Sommer verbindet eine Autofähre Limassol mit Piräus (zu buchen über www.cruisecyprus.com). Minikreuzfahrten führen von Limassol nach Israel, Ägypten und in den Libanon.

Reisen im Land

Mit öffentlichen Verkehrsmitteln

Mit dem Linienbus erreichen Touristen nur die großen Städte. Zwar fahren die Busse auch in nahezu jedes Dorf, richten sich im Fahrplan aber nach den Bedürfnissen der Einheimischen: morgens in die Stadt, um die Mittagszeit zurück. Sonntags verkehren nur wenige Busse.

In Nordzypern gibt es auch die türkische Variante des Sammeltaxis, das Dolmuş. Die v.a. zwischen Lefkoşa (Nikosia) und Girne (Keryneia) und entlang der Nordküste eingesetzten Dolmuşlar (»die Gefüllten«), starten, wenn alle Plätze besetzt sind.

Mit dem Mietwagen

Autoverleiher sind in allen Touristenzentren vertreten. Für einen Kleinwagen muss man bei unbegrenzten Kilometern und einschließlich Kaskoversicherung in der Hochsaison mindestens 25 € pro Tag veranschlagen. Platte Reifen, zerborstene Scheiben und Schäden an der Ölwanne sind von den meisten Versicherungen ausgenommen. Fahrer oder Fahrerin müssen mindestens 21 Jahre alt sein. Wer jedoch über 70 ist, der bekommt nur noch mit Schwierigkeiten einen Leihwagen. Ein internationaler Führerschein wird nicht verlangt.

Mit einem in Nordzypern zugelassenen Mietwagen wird die Einreise in den griechischen Landesteil generell nicht gestattet. Umgekehrt verbieten auch die meisten Verleiher des Südens im Kleingedruckten, mit ihren Autos ins türkische Zypern zu fahren. Eine Ausnahme macht hier die Firma Cyprus Car Hire (www.cyprus-car.com).

Linienbus in Pano Lefkara

Mit dem eigenen Wagen

In einem EU-Land oder der Schweiz zugelassene Fahrzeuge dürfen ohne Weiteres im griechischen Landesteil gefahren werden. Bei der Einreise nach Nordzypern muss jedoch eine besondere Haftpflichtversicherung abgeschlossen werden – dies gilt auch für Mietautos aus dem Süden. Achtung: Die Deckungssumme dieser Versicherungen ist auf umgerechnet etwa 50 000 € begrenzt.

Besonderheiten und Tempolimits

Autofahrer müssen sich auf Linksverkehr einstellen, dass dabei an gleichberechtigten Kreuzungen dennoch der von rechts Kommende Vorfahrt hat, empfinden viele Ausländer als verwirrend. Alkohol am Steuer ist absolut tabu.

Die zulässige Höchstgeschwindigkeit beträgt auf den Autobahnen 100 km/h. Auf Landstraßen sind 80 km/h erlaubt. Sofern es nicht anders ausgeschildert ist, gilt in Ortschaften 50 km/h.

Mit Radarkontrollen ist insbesondere auf der Autobahn Limassol–Nikosia zu rechnen.

Servicetaxis

Eine zyprische Besonderheit sind die Servicetaxis. Fahrgäste werden auf telefonische oder persönliche Bestellung hin abgeholt und im Zielort zur gewünschten Adresse gebracht (Fahrtkosten im Süden bis 15 €, im Norden bis 5 € pro Person). Die schweren Mercedes-Limousinen oder Kleinbusse pendeln nur zwischen den großen Städten, einige Linien werden auch sonntags gefahren.

Special

Mit Kindern unterwegs

Zypern ist ein kinderfreundliches Land. Die Familie ist der Mittelpunkt des sozialen Lebens, und da gehören Kinder einfach dazu. Sie sind ganz selbstverständlich bei Hochzeiten und anderen großen Festen bis spät in die Nacht dabei. Und in den meisten Hotels und Restaurants sehr willkommen. Einige Hotels, im Süden mehr als im Norden, bieten Urlaubsgästen im Sommer Kinderbetreuung an. Details erfährt man durch die Kataloge der Reiseveranstalter und über die Internetseiten der Hotels.

Wichtigster Spielplatz ist der Strand. Man kann Burgen bauen, Muscheln suchen und finden, Frisbee spielen oder als schon etwas größeres Kind beim Banana Riding kreischend ins Wasser fallen – Hauptsache der Sonnenschutz stimmt, denn gerade Kinder trifft im Überschwang schnell der Sonnenbrand.

Hier ein paar kindgerechte Ausflugsziele:

- **Camel Park, Mazotos, www.camel-park.com, tgl. ab 9 Uhr.** Hier gibt es Ausritte in der Kamelkarawane, eine Arche Noah mit allerlei Tieren, die gefüttert werden wollen, einen großen Spielplatz mit Hüpfburg, ein Restaurant und Bademöglichkeit im Pool oder im Meer.
- **Waterworld, Agia Napa, www.waterworldwaterpark.com. Ostern bis Okt. tgl. 10–18 Uhr.** Zyperns größtes Spaßbad mit Riesenrutschen. Das Vergnügen hat seinen Preis: Erwachsene zahlen 29 €, Kinder bis 12 Jahre 15 € Eintritt.
- **Cyprus Donkey Sanctuary, Vouni (Nähe Limassol). Informationen bei: Friends of the Cyprus Donkey, Tel. 594 5488, Mo–Fr 10–16 Uhr.** Die Eselsfarm ist quasi das Alters- und Pflegeheim der zyprischen Grautiere, die hier ihr Gnadenbrot bekommen. Man darf die Esel beobachten, füttern und ausführen.

Sport und Aktivitäten

Wassersport

Als Insel lädt Zypern vor allem zum Baden ein. Während die Sandstrände im Süden – besonders um Agia Napa sowie im Einzugsbereich von Larnaka und Limassol – in der Sommersaison recht voll sein können, findet man im Westen und im türkischen Landesteil noch ursprünglichere Badeplätze. Wracks und Relikte früher Seefahrt warten auf ihre Entdeckung durch Taucher › S. 21.

Zum Surfen und Segeln ist Zypern im Sommer ein gutes Anfängerrevier. Am späten Vormittag kommt an der Südküste ein recht verlässlicher auflandiger Wind auf, der bis etwa 17 Uhr anhält. An den Hotelstränden werden Surfboards und Dinghis vermietet. Für Fortgeschrittene ist das Meer allerdings zu brav. Wer mit eigener Jacht anreist, der findet in Limassol, Larnaka, Paphos und Girne Häfen mit allen Versorgungsmöglichkeiten.

Reiten

Ältere Zyprer erinnern sich noch gut an die Zeit, da man mit Esel und Maultier unterwegs war. Die Freizeitreiterei war ein Privileg der britischen Offiziere. Vielleicht ist das der Grund dafür, dass sich Reiten bislang nicht zum Volkssport entwickelte. Es gibt folgende Mietställe

- **Çatalköy Riding**
  bei Girne, www.catalkoyridingclub.com
- **Santa Marina Retreat**
  Limassol, www.santamarinaretreat.com
- **Drapia Farm**
  Kalavasos, Tel. 2433 2998
- **Moonshine Ranch**
  Protaras, Tel. 9960 5042
- **Semphera Riding**
  Paphos, Tel. 9941 4814
- **George's Ranch,**
  Paphos, Tel. 9964 7790

Radfahren

Im griechischen Landesteil sind das Hügelland im Westen und der Troodos geeignete Ziele. Auf nicht allzu steilen Nebenstraßen und Forstwegen führt seit 2008 ein markierter und ausgeschilderter Rundkurs um den Olymp. »Zypern Fahrradrouten«, ein Büchlein der Fremdenverkehrszentrale, stellt die besten Routen vor und nennt alle wissenswerten Details wie Schwierigkeitsgrad und Straßenzustand.

Auf Zypern sind geländetaugliche Räder bisher knapp und werden bevorzugt an Gäste abgegeben, die Fahrradurlaub als Komplettpaket gebucht haben. Wer keine organisierte Radreise bucht, bringt besser sein eigenes Fahrrad mit. Ein leichtes, berggängiges Tourenrad mit nicht zu schmalen Reifen ist für Allrounder genau richtig. Die meisten Fluglinien transportieren es gegen Aufpreis. Komplettpakete findet man z.B. bei

■ **Thomas Wegmüller**

Tel. 00357 2563 4093, www.bikecyprus.com

■ **Zypern Bike**

Tel. 060 939 7370, www.zypernbike.de

Wandern

Auf dem Kamm des Beşparmak wurden um die Forststation Alevkaya Rundwege angelegt, die aus dem schattigen Wald heraus immer wieder prächtige Panoramablicke auf die Küste und die in der Sommerhitze flimmernde Mesaoria-Ebene gewährt. Im Süden, etwa auf Akamas oder um den Olymp, wurden Naturlehrpfade angelegt und markiert. Beste Wanderzeit sind Frühjahr und Herbst, doch in Höhenlagen ist auch Sommerhitze erträglich.

! Das Terrain auf Zypern ist nicht weiter schwierig, doch braucht man wegen des steinigen Bodens unbedingt knöchelhohe Wanderschuhe, und lange Hosen gegen das Dornengestrüpp.

Kreativurlaub

Töpferkurse für Anfänger und ebenso für Fortgeschrittene kann man in einer Werkstatt in Larnaka über Ceram Tours buchen. An bereits gereifte Künstler wendet sich das Cyprus Summer Studio. Diese beliebten vierwöchigen Fortbildungsangebote in Englisch organisiert das Cyprus College of Art (www.artcyprus.org) in Lempa bei Paphos und in Larnaka.

■ **Ceram Tours**

Ravensteynstr. 82, 56076 Koblenz, Tel. 0261/973 2875

Echt gut! Die schönsten Strände

■ **Nissi Beach** › S. 47 in Agia Napa. Eine kinderfreundliche Lagune mit Südseeflair und vorgelagerter kleiner Insel, flach, windgeschützt und in der Saison voller Trubel.

■ **Governor's Beach** › S. 63, zwischen Limassol und Larnaka, hat neben dem von Tavernen bewirtschafteten Hauptstrand auch kleine Buchten und ins Wasser ragende Felsplatten.

■ **Petra tou Romiou** › S. 80, zwischen Limassol und Paphos. An diesem Kiesstrand soll Aphrodite dem Meer entstiegen sein: tolles Panorama, gut zum Sonnen und Spazieren, aber Baden nur bei ruhiger See.

■ **Golden Beach** › S. 135, Karpaz. Ein weiter, unverbauter Dünenstrand, auch im Sommer hat man noch viel Platz. Romantiker können in einfachen Holzhütten übernachten.

Tauchen

In Aphrodites Reich

Alles in allem eignet sich die Insel weniger für reine Taucherferien als für einen Urlaub, der Tauchgänge oder einen Tauchkurs etwa mit Wanderungen, Besichtigungen und anderen Aktivitäten zu Lande kombiniert.

Mit der Farbenpracht tropischer Atolle oder des Roten Meers kann Zyperns Unterwasserwelt nämlich nicht mithalten. Bunte Fische tummeln sich vor allem in den Prospekten, während sie im Meer infolge der Überfischung eher rar sind. Mit der »Zenobia«, einem samt der Ladung von über 100 Lastkraftwagen gesunkenen Fährschiff, bietet Zypern jedoch einen der interessantesten und beliebtesten Wracktauchplätze des Mittelmeers.

Tauchen für Individualisten

Anders als in Griechenland ist das Tauchen auf Zypern gesetzlich nur wenig reglementiert. Natürlich darf auch hier niemand Amphoren und andere Altertümer aus dem Meer bergen. Außerdem sind Häfen, militärische Sperrzonen und die Stauseen tabu. Die Tauchschulen verlangen beim Verleih von Ausrüstungen einen entsprechenden Qualifikationsnachweis, wenn man sich auf eigene Faust eine Flasche auf den Rücken schnallen und damit ins Wasser steigen will. Ein Anfängerkurs (PADI Open Water) kostet einschließlich Leihgebühr für die Ausrüstung rund 300 €; Fortgeschrittene zahlen für ein Zehnerpack Tauchgänge 250–300 €. Für Notfälle gibt es im Krankenhaus von Larnaka eine Dekompressionskammer.

Zyperns Unterwasserwelt

An Schuppentieren trifft man in den Tauchgründen um die Insel vor allem Brassen, Barben und kleine Barsche, ebenso gibt es

Tintenfische und vor allem im Frühsommer sogar Meeresschildkröten. Seit dem Durchstich des Suezkanals sind auch einzelne Arten bunter Exoten zugewandert, so etwa der Blutlippengrundler oder der Rote Soldatenfisch. Absolutes Muss für erfahrene Taucher ist ein Besuch des vor Larnaka auf Grund liegenden Fährschiffs «Zenobia«. Hierzu schließt man sich am besten einem von den Tauchzentren organisierten Ausflug an.

Tauchzentren

In allen Urlaubsregionen finden sich gut ausgestattete Tauchzentren, die ihren Kunden einen kostenlosen Transfer vom Hotel zur Tauchbasis bieten. Für Paphos spricht das an der Westküste besonders klare Wasser; Limassol kann mit einer fischgeschützten Zone vor der Halbinsel Akrotiri aufwarten; Agia Napa und Protaras trumpfen mit den Steilwänden und Höhlen am Kap Gkreko auf.

■ **Herbie's Diving Paradise,**
Protaras, Leoforos Pernera 36, Tel. 2381 4292, www.herbiesdiving.com.
Das ist die vielleicht einzige Tauchschule Zyperns, in der vorwiegend Deutsch (statt Englisch) gesprochen wird.

■ **Q-Divers**
Agia Napa, Leoforos Makarios 7, Tel. 2372 4066, www.qdivers.com

■ **Cydive**
Paphos, Poseidonos Av. 1, Tel. 2693 4271, www.cydive.com

■ **Dive In**
Larnaka, Seagate Hotel, Piale Pascha 132, Tel. 2462 7469. In Limassol: Amathountos Av. 59, Tel. 2531 1600, www.dive-in.com.cy

■ **Amphora Diving**
Alsancak (Girne), Tel. 0542 851 4924, www.amphoradiving.com.
Auch in Nordzypern gibt es mit

■ **Amphora Diving**
ein etabliertes Tauchzentrum.

■ **Mephisto Diving**
Yenierenköy, Malibu Plajı, Tel. 0533 867 3774, www.mephisto-diving.com.
Mephisto Diving bietet als deutsch-englisch-türkisches Joint Venture Tauchabenteuer auf der Karpaz-Halbinsel an.

Info

Ein Heftchen mit Beschreibungen der Tauchplätze und Tauchbasen vertreibt das Berliner Tauch-Info-Büro Gierschner, Tel. 030-562 6832, www.gierschner.de. Auch die Tauchbasis Cydive (siehe oben) in Paphos hält eine Broschüre mit Taucherinfos bereit.

Unterkunft

Alle Unterkünfte im griechischen Landesteil werden von der Fremdenverkehrszentrale › S. 138 überwacht, die auf Anfrage ein ausführliches Verzeichnis verschickt.

Hotels sind ihrem Komfort entsprechend mit einem bis fünf Sternen ausgezeichnet. Im griechischen Landesteil gelten für die Übernachtungspreise staatlich festgelegte Obergrenzen, die jedoch nur in Spitzenzeiten verlangt werden. In Nordzypern reist gewöhnlich günstiger, wer direkt mit dem Hotel abrechnet, statt seinen Aufenthalt über ein Reisebüro zu buchen. Besonders von November bis kurz vor Ostern (im Gebirge bis Mai) gewähren die meisten Häuser einen deutlichen Preisnachlass.

Das Angebot an **Ferienwohnungen und Apartmenthäusern** reicht vom schmucken Bungalowdorf am Meer über ein renoviertes Bauernhaus bis zur einfachen Wohnung im städtischen Apartmentblock. Einige Häuser betreiben allerdings Etikettenschwindel und statten die Küchen der Apartments nur unzureichend aus, um zum Besuch des hauseigenen Restaurants zu motivieren. Die Buchung über einen Reiseveranstalter, der für die versprochene Leistung geradestehen muss, erhöht die Chance auf eine funktionierende Küche.

Im Unterschied zu Griechenland gibt es auf Zypern kaum **Privatzimmer.** Eine Ausnahme macht hier allerdings Agia Napa, wo die vielen jüngeren Gäste mit in der Regel schmalerem Geldbeutel Privatzimmer bevorzugen, die oft im Vergleich zu den Hotels recht preiswerte Übernachtungen ermöglichen.

Die wenigen ausgewiesenen **Campingplätze** an der Küste werden auch in der Hochsaison so gut wie gar nicht genutzt. Zwar ist das Zelten bei den Zyprern populär, doch verbringen sie die Sommerferien lieber im Gebirge mit den etwas kühleren Temperaturen. Hier bietet beispielsweise der in einem Pinienhain gelegene Campingplatz Troodos (Tel. 0542 1624) von Frühjahr bis Herbst eine gute Gelegenheit, Kontakte zu den einheimischen Urlaubern zu knüpfen.

Echt gut!

Hotels für Individualisten

- **Sappho Manor House**: sieben traditionell möblierte Apartments in einem stattlichen, 1912 gebauten Dorfhaus. › S. 83
- **Natura Beach**: ein umweltbewusstes Familienhotel direkt am Strand und ideal für Kinder. › S. 84
- **White Pearl**: das einzige Hotel direkt am Hafen von Girne. › S. 117
- Im **Karpaz Arch House** übernachtet man auf einem früheren Gutshof nur wenige Fahrradminuten von Meer. › S. 133

Land & Leute

Steckbrief][Geschichte im Überblick
Natur und Umwelt][Die Menschen
Kunst und Kultur][Feste und
Veranstaltungen][Essen und Trinken

Steckbrief
Zypern

Fläche: insgesamt 9251 km², davon 3450 km² unter türkischer Verwaltung und 257 km² souveräne britische Militärbasen.
Küstenlänge: 780 km
Höchster Punkt: im griechischen Teil der Olymp (1951 m), im türkischen Teil der Selvili (1023m)
Hauptstadt: Nikosia
Einwohner: griechischer Teil 780 000 (141 Einw./km²), türkischer Teil 265 000 (77 Einw./km²)
Größte Städte: im griechischen Teil Süd-Nikosia (Lefkosia 215 000 Einw.), Limassol (Lemesos 165 000 Einw.), Larnaka (53 000 Einw.); im türkischen Teil Nord-Nikosia (Lefkoşa, 52 000 Einw.), Famagusta (Gazimağusa 36 000 Einw.)
Bruttoinlandsprodukt: im griechischen Teil 20 000 € pro Kopf, im türkischen Teil 7500 € pro Kopf
Zahl der Urlauber: im griechischen Teil 2,4 Mio. pro Jahr, im türkischen Teil 150 000 pro Jahr
Landesvorwahl: Republik Zypern 00357; Türkische Republik Nordzypern 0090 392
Währung: im griechischen Teil Euro, im türkischen Teil Türkische Lira (YTL)
Zeitzone: MEZ + 1 Std., im Sommer MESZ + 1 Std

Lage
Die Zyprer fühlen sich zwar als Europäer, geographisch und statistisch gehört die Insel in der Nordostecke des Mittelmeers aber zu Asien. Zum türkischen Festland sind es 65 km, nach Syrien 95 km, nach Ägypten 360 km. Als nach Sardinien und Sizilien drittgrößte Mittelmeerinsel ist Zypern etwa doppelt so groß wie das Ruhrgebiet. Die größte Ost-West-Ausdehnung beträgt 225 km, in nord-südlicher Richtung misst Zypern maximal 95 km.

Politik und Verwaltung
Obwohl Zypern seit 1974 in einen griechischen und einen türkischen Machtbereich geteilt ist, besteht nach dem internationalen

Recht und dem Selbstverständnis der griechischen Zyprer die Republik Zypern weiterhin ungeteilt fort. Die nur von den Zyperngriechen gebildete Regierung, das Parlament, der mit weitreichenden Vollmachten ausgestattete Präsident und die Verwaltung des Südens verstehen sich als Vertretung auch der türkischen Zyprer.

Die »Türkische Republik Nordzypern«, der Pseudostaat, wie er im Süden verächtlich genannt wird, ist dagegen auf internationalem Parkett allein von der Türkei anerkannt. Seit 1964 wachen Blauhelm-Soldaten entlang der »Green Line« zwischen der türkischen und der griechischen Zone.

Ein 2004 unter UN-Führung ausgehandelter Friedensplan fand die Zustimmung der türkischen Zyprer, wurde vom Süden aber per Volksabstimmung deutlich abgelehnt. Damit bleiben dem Norden neben der Wiedervereinigung auch die Vorteile der EU-Mitgliedschaft verwehrt.

Erst die Wahl (Februar 2008) des Reformkommunisten Dimitris Christofias zum Präsidenten der Republik brachte beide Seiten wieder an den Verhandlungstisch.

Wirtschaft

Von einem rückständigen Agrarland hat sich Zypern in den letzten 30 Jahren in ein modernes Dienstleistungszentrum verwandelt, dessen Lebensstandard längst höher ist als der in Griechenland. Eine bedeutende Rolle spielt der Tourismus. Darüber hinaus ist Zypern im Bereich Finanzdienstleistungen – vor allem aufgrund seiner Steuergesetzgebung – ein interessanter Standort. Mit seinem anhaltenden Wachstum, Vollbeschäftigung und einer stabilen Währung hat (Süd)-Zypern auch innerhalb der EU ein gutes Ranking.

Das Wirtschaftswunder betrifft jedoch nur den Südteil der Insel. Die Türken spielten schon vor der Teilung eine geringe Rolle im Wirtschaftsleben. Heute lebt der Norden von den Hilfsgeldern der Türkei, mit denen auch die Gehälter des aufgeblähten Staatsapparats bezahlt werden. Auch die vielen ausländischen Studierenden bringen Geld ins Land. Große Hoffnungen ruhen auf dem Tourismus: Die Öffnung der innerzyprischen Grenze im Jahr 2004 ließ die Besucherzahlen ansteigen. Genutzt wird die neue Reisefreiheit bislang vorwiegend von Ausflüglern und Individualtouristen.

Den Durchbruch kann Nordzypern erst erzielen, wenn das internationale Embargo aufgehoben wird und Direktflüge aus Europa in den Nordteil der Insel aufgenommen werden. Beim Ausbau der touristischen Infrastruktur ist man zudem auf Fördergelder angewiesen. Hilfs- und handelspolitische Maßnahmen der EU werden regelmäßig von der Republik Zypern blockiert, die als Mitgliedsstaat ein Vetorecht besitzt.

Um Akrotiri und Dekeleia an der Südküste von Zypern gehören 257 km^2 der Inselfläche völkerrechtlich noch immer zu Großbritannien.

Geschichte im Überblick

9000–7000 v.Chr. Am Kap Gata getätigte Funde belegen, dass bereits in der Mittelsteinzeit Jäger und Sammler Zypern besiedelten.
7000–3800 v.Chr. In der Jungsteinzeit kommen die ersten Ackerbauern auf die Insel.
3800–2500 v.Chr. In der Kupfersteinzeit werden die ersten Werkzeuge, Jagdwaffen und Schmuckstücke aus Metall gefertigt.
2500–1600 v.Chr. Mit der Bronzeverarbeitung vertraute Einwanderer aus Anatolien lassen sich auf Zypern nieder. Städte wie Enkomi und Lapithos treiben regen Handel mit Syrien, Ägypten und Kleinasien. Metallene Pflugscharen kommen in Gebrauch, auch ein Stierkult entwickelt sich.
1600–050 v.Chr. Über Handelskontakte kommt Zypern unter den Einfluss mykenische Kultur. Mit gewaltigen Zyklopenmauern versuchen die Städte, sich vor den »Seevölkern« zu schützen.
1050–500 v.Chr. In der kyproarchaischen Epoche entstehen von griechischen Vorbildern geprägte Stadtkönigreiche. Von ihrem Stützpunkt Kition aus gewinnen die Phönizier das Monopol über den Außenhandel. Um die politische Oberhoheit streiten die Großmächte Persien, Assyrien und Ägypten.
500–331 v.Chr. Die klassische Epoche ist vom Kampf gegen die persische Herrschaft bestimmt. Doch selbst König Evagoras, der die zyprischen Kleinreiche unter der Vorherrschaft von Salamis eint, kann das persische Joch nicht abschütteln.
331–58 v.Chr. Zu Beginn der hellenistischen Zeit feiern die zyprischen Fürsten Alexander den Großen als Befreier. Nach seinem Tod fällt die Insel an die in Ägypten herrschenden Ptolemäer.
58 v.Chr. Zypern wird römisch.
45/46 n.Chr. Die Apostel Paulus und Barnabas bekehren in Paphos den römischen Prokonsul Sergius Paulus.
332/342 Erdbeben und Hungerkatastrophen verwüsten die Insel. Salamis wird unter dem neuen Namen »Constantia« wiederaufgebaut.
395 Mit der Teilung des Römischen Reiches fällt Zypern an Ostrom (Byzanz). Constantia wird Provinzhauptstadt.
488 Kaiser Zeno bestätigt die Unabhängigkeit (»Autokephalie«) der zyprischen Kirche.
649–964 Zypern hat unter Einfällen der Araber zu leiden. Die Menschen ziehen sich von der Küste ins Landesinnere zurück.
1191 Auf dem Weg ins Heilige Land erobert Richard Löwenherz Zypern und verkauft es an den Templerorden.
1192–1489 Zypern ist fränkisches Königreich unter der Herrschaft der Lusignan-Dynastie. Der Katholizismus wird zur offiziellen Staatsreligion.

Im Museum des Mittelalters in Limassol lässt sich Geschichte erleben

1489 Caterina Cornaro, Witwe des letzten Lusignan-Königs, vermacht Zypern ihrer Heimatstadt Venedig.

1571 Türkische Truppen unter Mustafa Pascha besetzen Zypern, das Teil des Osmanischen Reiches wird.

1878 Die Türken verpachten die Insel an Großbritannien, das Zypern 1914 annektiert.

1950 Bei einem von der orthodoxen Kirche organisierten Referendum stimmen 96 % der griechischen Zyprer für den Anschluss der Insel an Griechenland (Enosis).

1955 Die Untergrundgruppe EOKA eröffnet mit Anschlägen gegen britische Einrichtungen den bewaffneten Kampf für die Enosis.

1960 Zypern wird eine unabhängige Republik mit dem Erzbischof Makarios III. als erstem Präsidenten.

1963 Erste bewaffnete Auseinandersetzungen zwischen den beiden Volksgruppen finden statt.

1964 Die UNO entsendet eine erste Friedenstruppe zur Schlichtung des Bürgerkriegs.

1974 Nach einem Putsch gegen Makarios und dem folgendem Bürgerkrieg besetzen türkische Truppen den Nordteil.

1983 Die türkischen Zyprer proklamieren die »Türkische Republik Nordzypern«, die nur von der Türkei anerkannt wird.

2003 Die Grenze zwischen beiden Landesteilen wird geöffnet.

2004 Nordzypern spricht sich erstmals für eine Wiedervereinigung aus. Der Friedensplan von Kofi Annan wird jedoch vom Süden per Volksabstimmung verworfen. Am 1. Mai 2004 wird die Republik Zypern Mitglied der Europäischen Union.

2008 Unter dem frisch gewählten Präsidenten Dimitris Christofias nehmen die Seiten einen neuen Anlauf zu einer Verhandlungslösung des Zypern-Konflikts. Im Herzen Nikosias wird nach 45 Jahren die Ledra Street zwischen türkischem und griechischem Stadtteil für Fußgänger geöffnet.

Natur und Umwelt

Im Troodos-Gebirge

Mit seinen vielfältigen Landschaften und den regionalen Klimaunterschieden hat Zypern alle Grundlagen für eine besonders artenreiche Flora, die noch nicht restlos erforscht ist und deshalb Naturfreunden manch überraschende Entdeckung verspricht. Die Insellage begünstigte die Entwicklung endemischer, d.h. nur dort anzutreffende, Gewächse. 110 dieser Arten sind bisher bekannt, darunter so unscheinbare Raritäten wie die zyprische Eselsdistel und seltene Orchideen wie die Kotschys-Ragwurz.

Die brusthohe Macchia oder die Phrygana, eine niedrige Buschvegetation aus Kräutern, Sträuchern und Zwergstauden, sind die typischen Pflanzengemeinschaften der tieferen Lagen. Oft wirkt die Landschaft hier grau und eintönig, umso leuchtender hebt sich der gelbe Ginster ab. Schon von weitem riecht man die Gewürze, die wir aus der Küche kennen: Lorbeer, Rosmarin, Salbei, Thymian, Minze und Majoran, die teilweise auch als Tee und Arznei verwendet werden. Die besten Wandergebiete, um diese Pflanzengemeinschaften kennen zu lernen, sind die beiden Halbinseln Akamas und Karpaz.

Buch-Tipp C.A.J. Kreutz, Die Orchideen von Zypern/The Orchids of Cyprus, das Standardwerk mit deutsch–englischen Texten. Daneben auch mit Bildern und Karten zur Verbreitung der auf Zypern heimischen Orchideen. Zu bestellen im Internet unter www.kreutz.info.

Echt gut!

Wanderwege in den Naturparks

- Auch im Hochsommer ist es in der **Avgas-Schlucht** angenehm kühl und ein kleines bisschen nass › S. 82
- **Aphrodite Trail**. Auf Aphrodites Spuren zieht er sich über die Halbinsel Akamas › S. 85
- **Artemis-Trail**. Auf bequemen Wegen durch die Troodos-Wälder rund um den Olymp › S. 101
- Der technisch anspruchsvolle **Madari Trail** umrundet den Gipfel mit Zyperns höchst gelegener Feuerwache › S. 104
- Vom Forsthaus **Alevaya** führen markierte Wanderwege zu Aussichtspunkten am Kamm des Beşparmak-Gebirges › S. 120

Die Menschen

Noch die Landkarten der Kolonialzeit, die die türkischen und griechischen Siedlungsgebiete Zyperns mit unterschiedlichen Farben kennzeichnen, sehen aus wie ein bunter Flickenteppich. Beide Volksgruppen lebten über die Insel verstreut und in vielen Dörfern und Städten friedlich nebeneinander. Erst nach den politischen Unruhen von 1963/64 zogen sich die Türken unter dem Schutz von UNO-Truppen in geschlossene Enklaven zurück.

So gibt es heute im griechischen Landesteil gerade noch zwei Dörfer mit gemischter Bevölkerung: In Potamia verträgt man sich leidlich. In Pyla, das unter UN-Aufsicht steht, herrscht eine Dauerfehde. Im Norden harren wenige hundert Griechen auf der Halbinsel Karpaz aus, wo sie allerlei Schikanen durch türkische Fanatiker ausgesetzt sind.

Die Einwohnerzahl ist bei den Politikern beider Seiten umstritten. Die 2006 in Nordzypern durchgeführte Volkszählung ermittelte 260 000 Bewohner, für den türkisch-zyprischen Inselteil, ohne die türkischen Soldaten dazu zu rechnen. Ein Streitpunkt sind bislang die wenigstens 100 000 seit 1974 zugewanderten Festlandtürken samt ihren Nachkommen, die von der griechischen Seite nicht als Zyprer akzeptiert werden.

Zyperns Wälder

Ökologischer Raubbau ist keine Neuerung unserer Tage, sondern lässt sich bis in die Antike zurückverfolgen. So wurden, ob für die Erzgewinnung oder für den Schiffbau, Zyperns Wälder bis zum Mittelalter nahezu restlos abgeholzt. Gefräßige Ziegen, denen die jungen Bäumchen besonders mundeten, taten ihren Teil dazu, dass der Wald sich aus eigener Kraft nicht mehr erholen konnte. Trotzdem ist Zypern heute wieder eine der waldreichsten Inseln im Mittelmeer. Die britischen Kolonialherren begannen mit Aufforstungen, um der Bodenerosion zu begegnen, für die auch die immer wieder durch Unachtsamkeit entstehenden Waldbrände verantwortlich sind. Auf den sauren Böden setzen die Förster gerne die schnellwüchsige und anspruchslose Kalabrische Kiefer (*Pinus brutia*), die inzwischen rund 90% des Baumbestands ausmacht. Nur an wenigen Stellen, wie im abgelegenen »Tal der Zedern«, hat sich die auf Zypern endemische Troodoszeder (*Cedrus libani ssp. brevifolia*) gehalten.

In diesen Wäldern leben auch **die letzten Mufflons (Ovis ammon orientalis), die Wappentiere der Insel.** Diese scheuen Wildschafe werden Besucher aber kaum in freier Natur, sondern im Zoo von Limassol oder in den Gehegen bei Kakopetria und Stavros tis Psokas antreffen.

Echt gut!

Kunst und Kultur

An der Schnittstelle zwischen den drei Kontinenten Afrika, Asien und Europa war Zyperns Kultur seit jeher vielfältigen fremden Einflüssen ausgesetzt, brachte aber auch immer wieder eigenständige Kunstwerke hervor.

Bronzezeit bis Klassik

In die frühe Bronzezeit (ca. 2500–1900 v.Chr.) wird das im Nationalmuseum aufbewahrte **Terrakotta-Heiligtum von Vouni** datiert. Die Tonminiatur stellt eine Mysterienfeier dar. Ihren Höhepunkt erreicht die zyprische Terrakotta-Kunst in der kypro-archaischen Zeit (700–475 v.Chr.) mit den Votivgaben von Agia Irini: Manche der 2000 Figuren sind überlebensgroß.

Echt gut!

Mit der klassischen Epoche kommen Plastiken aus Kalkstein in Mode. Die Kunst orientiert sich jetzt an Vorbildern aus der griechischen Welt, die mit dem Beginn der hellenistischen Zeit (331–58 v.Chr.) von alexandrinischen Einflüssen abgelöst werden. Ein Beispiel ist die im zweiten Jahrhundert v.Chr. geschaffene Aphrodite von Soli.

Byzantinik bis Renaissance

Wegen des von 726–843 n.Chr. im Byzantinischen Reich wütenden Bildersturms (Ikonoklasmus) blieben im Bereich der Ostkirche nur wenige frühchristliche Kirchenmosaiken erhalten. Auch das nach 1974 illegal in die USA verbrachte Mosaik von Lynthrangkomi (Karpaz), von

Freitagsgebet oder Ikone: die Religionen

Das Zypernproblem ist ein ethnischer, kein religiöser Konflikt. Die religiöse Bindung der alteingesessenen zyprischen Muslime ist überraschend gering. Wer während des Freitagsgebets einen Blick in Nikosias Selimiye-Moschee wirft, wird erleben, dass nur wenige Gläubige dem Gebetsruf folgen. Und auf den Straßen trägt kaum eine türkische Zyprerin das Kopftuch. Stärker in islamischen Gesetzen verwurzelt sind die Zuwanderer vom türkischen Festland. In ihren Dörfern wird der auf Zypern sonst sehr locker gehandhabte Fastenmonat Ramadan strikt eingehalten – man bekommt tagsüber nicht einmal eine Tasse Tee.

Erzbischof und Staatspräsident Makarios war der letzte Führer der Zyperngriechen, der das höchste geistliche und politische Amt in einer Person vereinte (1960–1977). Nach ihm verlor die orthodoxe Kirche viel von ihrem Einfluss auf die Politik und das Alltagsleben.

dem Teile den Weg in Nikosias Byzantinisches Museum fanden, stammt aus jener Zeit.

Eine architektonische Kostbarkeit, die man nur auf Zypern findet, sind die »Scheunenkirchen« im Troodos-Gebirge. Diese Kreuzkuppelkirchen byzantinischen Stils wurden seit dem 13. Jh. mit einem schützenden Dach aus Holzschindeln überbaut.

Maler im Kloster Stravrovouni

Bei der religiösen Wandmalerei lässt sich ein eleganter, höfischer Stil von der asketischen Malweise der Mönche unterscheiden. Beide folgen auch nach der zunehmenden Unterdrückung der orthodoxen Kirche durch die »lateinischen« – das heißt katholischen – Kreuzritter weiterhin byzantinischen Vorbildern. Ab etwa 1500 macht sich der Einfluss der italienischen Renaissance bemerkbar, bis die osmanische Eroberung mit Ausnahme der Ikonenmalerei nahezu jedes religiöse Kunstschaffen beendet.

Der orthodoxe Kirchenmaler kann Stil und Themen nicht frei wählen, sondern muss sich an die überlieferten Vorbilder halten und den unumstößlichen Inhalt der Heiligen Schrift darstellen.

20. Jahrhundert

Die überwiegend an Londoner Kunstschulen ausgebildete »Generation der Väter« um A. Diamantis (1900–1984), den bekanntesten zyprischen Maler, und ihre Nachfolger verbinden westliche Moderne mit folkloristischen und byzantinischen Motiven. Seit 1974 thematisieren einige Künstler den Schmerz über die Teilung. Viele ihrer Werke sind in der **Staatlichen Sammlung für zeitgenössische Kunst** zu sehen (Nikosia, Od. Stassinou 24, Mo–Fr 10–17, Sa 10–13 Uhr, Eintritt frei).

Eine eigenständige Zyprische Literatur gibt es nicht. Die Schriftsteller beider Seiten orientieren sich an ihren Mutterländern. An

Echt gut!

Die interessantesten Museen

- Im modernen **Thalassa-Museum** mitten in Agia Napa › S. 47 dreht sich alles um das Meer (Sommer Di–So 9–13, Mo 18–22 Uhr, Winter Mo 9–13, Di–Sa 9–17 Uhr).
- Das **Nationalmuseum** in Nikosia und präsentiert die schönsten und kostbarsten Stücke, die Archäologen auf Zypern entdeckten › S. 92
- Die wertvollsten Ikonen sind in Nikosias **Museum für byzantinische Kunst** ausgestellt › S. 95
- Im **Schiffsmuseum** auf der Burg von Girne ist ein vor 2300 Jahren versenktes Handelsschiff samt Ladung zu sehen › S. 115

Special

Einfach Spitze!

Auf den Spuren von Leonardo da Vinci

Bereits vor gut 500 Jahren begeisterte sich kein Geringerer als Leonardo da Vinci für zyprische Textilkunst und erwarb ein Altartuch für den Mailänder Dom – so wird es jedenfalls auf der Insel werbeträchtig überliefert. Zentrum des Spitzen-Handwerks ist das Dorf Lefkara am Westhang des Troodos-Gebirges. Die Frauen sitzen bei schönem Wetter in kleinen Gruppen vor den Häusern und arbeiten an ihren Baumwoll- und Leinendecken. Dabei kann die Herstellung eines üppig verzierten Tischtuchs durchaus einige Monate in Anspruch nehmen.

Stickereien und mehr aus der Sommerfrische

Mit geometrischen, durchbrochenen Mustern, viel Mut zur freien Fläche, Flachstich und dem charakteristischen Hohlsaum sind Motive und Technik der *Lefkaritika*, wie die Lefkara-Stickereien genannt werden, bis heute von alten venezianischen Vorbildern beeinflusst und erinnern daran, dass Lefkara zu Leonardos Zeiten eine beliebte Sommerfrische reicher Venezianerinnen war. In den verwinkelten Gässchen Lefkaras werden nicht nur gestickte Decken und Deckchen – viele davon mit wunderschönen Hohlsaumstickereien – feilgeboten. Auch Silberschmuck und Tafelsilber kann man in den Läden des Dorfes erstehen, und sogar Ikonen werden gemalt und verkauft.

■ **D. & A. Lefkara Handicraft**
im Zentrum Lefkaras an der Abzweigung nach Agios Minas, Tel. 9962 7759, www.cyculture.net/lefkara.
Empfiehlt sich als gute Adresse für den Einkauf von Lefkaritika, und man kann den Stickerinnen in der Werkstatt bei der Arbeit zuschauen.

Traditionelles Handwerk …

Während man sich angesichts reger Nachfrage aus aller Welt um die Zukunft der Stickerei in Lefkara keine Sorgen zu machen braucht, drohen andere Zweige traditionellen Kunsthandwerks dem Konkurrenzdruck industrieller Massenfertigung zu unterliegen. Der Erhaltung überlieferter Handwerkskünste hat sich das staatliche **Handicraft Centre** verschrieben. In dessen Manufaktur klappern die letzten Webstühle, auf denen die traditionellen Fiti-Decken und Tischläufer hergestellt werden. Schreiner und Holzschnitzer werkeln an Mitgift-Truhen aus Pinien- und Walnussholz. Außer der eigenen Produktion verkaufen die Läden des Handicraft Centre auch Töpferwaren, rustikale Flechtarbeiten aus Bast, Binsen oder Stroh, verzierte Flaschenkürbisse und weitere traditionelle Arbeiten aus den Werkstätten freischaffender Kunsthandwerker. Ein schönes und zugleich nützliches Mitbringsel für die Daheimgebliebenen sind die unglasierten Tonkrüge, in denen Flüssigkeiten angenehm kühl bleiben.

Man findet die Verkaufswerkstätten im

- **Handicraft Centre**
am Stadtrand von Nikosia
Athalassa Avenue 186,
Tel. 2230 5024, Mo–Fr 7.30–14.30 Uhr
Verkaufstellen gibt es auch in
Larnaka, Odos Themidos 25,
Limassol, Odos Kosma Lysioti 6 und
Paphos, Odos Apostolou Pavlou 64.

… und modernes Design

Modernes, allerdings nicht unbedingt typisch zyprisches Kunsthandwerk findet man im Chrysaliniotissa-Viertel in Nikosias historischer Altstadt. Unmittelbar neben der gleichnamigen, spätbyzantinischen Kirche erschaffen junge Glasbläser, Kunstschmiede, Mosaikleger, Juweliere, Drechsler und Kerzenzieher in dem restaurierten Handwerkerhof **Chrysaliniotissa Craft Centre** außergewöhnliche Mitbringsel. Die Künstlerateliers sind gewöhnlich Mo–Fr 10–13, 16–19 Uhr (im Winterhalbjahr 15–18 Uhr) und Sa 10–13 Uhr geöffnet. Verbinden Sie den Besuch mit einem Spaziergang durch das Viertel mit seinen restaurierten Lehmhäusern und blumengeschmückten Höfen oder mit einer Mittagspause im Bistro des Craft Centre.

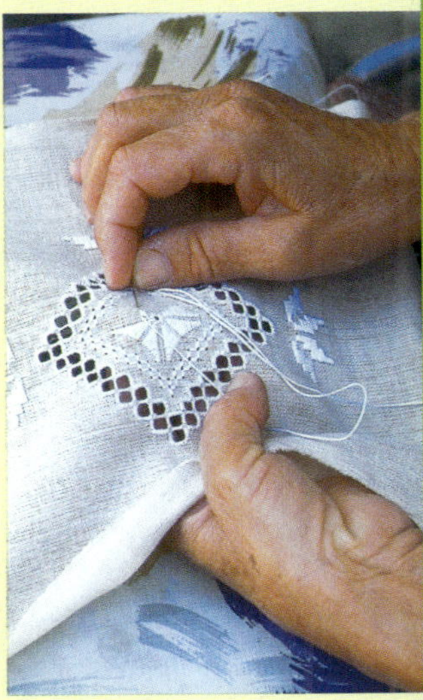

Feste und Veranstaltungen

einem Anlass zum Feiern fehlt es nie: Hochzeiten, Taufen, Beschneidungen oder auch einfach nur ein Picknick am Sonntagnachmittag. Dann wird üppig gegessen, getrunken, getanzt und gesungen, und Gäste werden in den Kreis einbezogen, als hätten sie schon immer dazugehört. Auch Festivals und große Veranstaltungen sorgen für einen gut gefüllten Festkalender – eine aktuelle Vorschau bekommen sie vor Ort bei den Tourist-Informatioszentren.

Festkalender

Karneval Ein Erbe der venezianischen Epoche beginnt am 60. Tag vor dem orthodoxen Osterfest. Besonders wild treiben es die Narren und Närrinnen in der lebensfrohen Hafenstadt Limassol.

Anthestiria Das Blumenfest an einem Sonntag im Mai geht auf die antiken Mysterien zu Ehren des Wein- und Theatergottes Dionysos zurück.

Kataklysmos Das Fest, das auf die Pfingsttage fällt, erinnert an Noahs Errettung vor der Sintflut. In den Küstenstädten, besonders in Larnaka, wird es mit Bootsparaden, Sängerwettstreit und großem Jahrmarkt gefeiert.

Festival of Ancient Greek Drama Den Juli über spielen Künstler in den antiken Stätten von Paphos und Kourion sowie in Nikosia griechische Dramen.

Echt gut!

Musik liegt in der Luft

- **Internationales Musikfestival Kourion** Mitte Juli mit Klassik und Jazz auf der Freilichtbühne im römischen Theater von Kourion.
- **Paphos Aphrodite Festival** Immer Ende August steht Paphos' Hafenkastell abends ganz im Zeichen von Verdi, Puccini und Co.
- **Bellapais Musikfestival** Im späten Frühjahr Kammermusik und Chorgesang im Kloster Bellapais.
- **Nordzypern Musikfestival** Sept./Okt. im Kloster von Bellapais und im Theater von Salamis mit Konzerten klassischer Musik, aber auch Flamenco und Swing.

Christos anesti! Frohe Ostern!

Schon die Karwoche steht ganz im Zeichen der Vorbereitungen auf das wichtigste aller Kirchenfeste. In der Nacht zum Ostersonntag trifft sich das Dorf zur Messe. Alle bringen rote Ostereier und Kerzen mit. Stundenlang dauert die Liturgie, bis mit dem Öffnen der Kirchentür und dem Entzünden der Kerzen Schlag Mitternacht der Sieg Christi über den Tod gefeiert wird. Anschließend werden die Ostereier verzehrt, Feuerwerkskörper gezündet, und dann eilt die Menge nach Hause, um auch dort zu feiern.

Essen und Trinken

Die Küche Zyperns ist – als ein Spiegelbild der fremden Einflüsse auf die Insel – außergewöhnlich vielseitig. Zahlreiche Rezepte ähneln denen der Türkei, Griechenlands und des Libanon. Darum ein Tipp: Fragen Sie gezielt nach einheimischen Gerichten und machen Sie dem Wirt freundlich klar, dass Sie nicht nach Zypern gekommen sind, um nur Schnitzel mit Pommes frites zu essen.

Mit Ausnahme des von den Muslimen gemiedenen Schweinefleischs gab es früher kaum Unterschiede bei den Speisezetteln von türkischen und griechischen Zyprern – nur die Namen unterschieden sich. Durch die Zuwanderer aus Anatolien hat die Küche im türkischen Landesteil sich in den letzten Jahren allerdings der des Festlandes angeglichen.
Ein Grill ist für die Zyprer unverzichtbar. *Souvlakia* (türk. *Şişkebab*), die gegrillten Fleischstückchen, sind das beliebteste Gericht der Einheimischen, auch Fisch wird meist über der Holzkohlenglut gegart.

Mezedes/Mezeler

Die *Mezedes* (türk. *mezeler*) stellen den besten Einstieg in die zyprische Kochkunst dar. Was in Griechenland oder im Libanon nur als Vorspeisenteller serviert wird, hat sich auf Zypern zu einem kompletten Menü entwickelt, das Gästen viel Ausdauer und einen gesunden Appetit ab-

Mezedes-Essen: »Appetithäppchen« als Zeichen von Gastfreundschaft

Spezialitäten

Soupa trahana, eine Hühnerbrühe mit Weizenschrot, Sauermilch, Tomaten und Halloumi-Käse.
Barbounia (türk. *barbunya*), Rotbarbe, der schmackhafteste und auch teuerste Speisefisch.
Afelia, geschmortes oder gebackenes Schweinefleisch, in Rotwein mariniert und mit reichlich Koriander gewürzt.
Kleftiko (türk. *fırın kebap*), das »Räuberessen«, am besten aus Lammfleisch, muss lange im Lehmofen geschmort werden.
Loundsa, in Wein marinierte Schweinelende, entweder gegrillt oder gebraten.
Stifado, Rindergulasch mit Gemüsezwiebeln, mit Zimt gewürzt.
Scheftalia, Hackfleischwürstchen, halb vom Schwein, halb vom Rind, mit Zimt und Pfefferminze gewürzt.
Dolmades oder **Gemista** (türk. *dolmalar*), mit Reis, eventuell auch mit Hackfleisch gefüllte Gemüse verschiedener Art.
Choriatiki (türk. *çoban salatası*), Bauernsalat mit Gurken, Tomaten, Zwiebeln, Oliven und Schafskäse.
Koupepia (türk. *yaprak dolması*), mit Reis gefüllte Weinblätter.
Hummus, eine dicke Soße aus Kichererbsen, Knoblauch, Olivenöl und Zitronensaft.
Tahina (türk. *tahin*), wie Hummus, doch mit Sesam statt Kichererbsen.
Taramosalata, Mischung aus Fischrogen, in Milch eingeweichtem Brot, Kartoffelbrei und Olivenöl.
Halloumi (türk. *hellim*), Schafskäse mit Minze, gebacken, gegrillt oder gebraten.
Baklava, ein Dessert aus mit Mandeln und Zimt gefülltem Blätterteig in Zuckersirup.
Soutsouko (türk. *sucuk*), auf eine Schnur gezogene Nüsse und Mandeln in einem Mantel aus eingedicktem Traubengelee.

verlangt: Zum Preis einer Mahlzeit bekommt man bis zu 20 Schälchen mit unterschiedlichen kalten und warmen Speisen serviert.

Taverna oder Kentro?

Außer im *Estiatorion* (türk. *restoran*) und der volkstümlicheren *Taverna* (türk. *lokanta*) speist man in der *Psarotaverna* (türk. *balık lokantası*), einem Fischlokal. Im *Kentro* oder der *Bouzoukitaverna* läuft bis spät nachts ein Musik- und Unterhaltungsprogramm. Zuckersüße Schlemmereien werden im *Zacharoplastion* (türk. *pastahane*) angeboten, einer Art Konditorei.

Getränke

Vor allem kleine Privatkellereien und Winzergenossenschaften haben sich mit den Weinen in den letzten Jahren auch international einen guten Namen erworben. Bei Limassol in Agios Amvrosios hat sich die Kellerei dem ökologischen Weinbau verschrieben. Nur auf Zypern wächst die seltene Maratheftiko-Rebe. Eine weitere Spezialität der Insel ist der *Commandaria*, ein schwerer, dem Portwein vergleichbarer, Dessertwein. Ein guter Commandaria wird nach zehn Jahren auf Flaschen gezogen.

Einheimischer Sherry oder Brandy Sour, ein Longdrink aus Brandy, Angostura Bitter, Zitronensaft und Soda, sind als Aperitif beliebt. *Rakı* (griech. *ouzo*) wird im türkischen Landesteil reichlich, im Süden aber nur selten getrunken. Dort gehört es zur Ehre jedes Dorfkafenions, den hochprozentigen Tresterschnaps *Tsivania* auszuschenken.

In einem Kaffeehaus (griech. *kafenion*, türk. *kahvehane, cayevi*) des griechischen Landesteils einen »türkischen Mokka« zu bestellen, würde als grobe Beleidigung empfunden werden. Seit dem blutigen Zwist von 1963/64 heißt er im Süden nur noch »griechischer Kaffee« *(kaffe elliniko)*.

Echt gut!

Die originellsten Restaurants

- Das der Slow-Food-Bewegung nahe stehende **Seven Saint Georges** in Paphos serviert eine überwältigende Reihe von Meze-Gerichten – bis der Gast mehr als satt ist › S. 77
- Zyprische Deftigkeiten wie Lammkopf und Innereien gibt es bei **Militzis** in Larnaka › S. 54
- **Fernagin** in Deryneia empfiehlt sich als gemütlicher Landgasthof mit Steaks und Mezeler › S. 50
- **Psilo Dendro** in Platres verköstigt seine Gäste mit Forellen aus eigener Zucht unter schattigen Platanen › S. 101
- Das **Cyprus House** in Famagusta präsentiert in folkloristischer Einrichtung das legendäre Troodos-Huhn › S. 128
- Einheimische schwören darauf, dass es im Ausflugslokal **Tepebaşı** in Kumyalı (Karpaz) den besten Schmorbraten *(fırın kebap)* gibt › S. 133

564

Unterwegs auf Zypern

Entdecken Sie die einzelnen Reiseregionen – jeweils mit den schönsten Touren, allem Sehens- und Erlebenswertem, Hotel-, Restaurant-, Nightlife- und Shoppingtipps

Der Süden

Nicht verpassen

- Den Sonnenuntergang auf der Akropolis von Amathus
- Den Strand zum Chill-Out nach den langen Party-nächten in Agia Napa
- Das Tauchen lernen oder gar das Abtauchen zum geheimnisvollen Wrack der Zenobia
- Die Flamingos im Winter am Salzsee von Larnaka zu beobachten
- Ein Konzert oder Schauspiel vor der grandiosen Naturkulisse des römischen Theater von Kourion zu genießen

Karte Seite 46

Zur Orientierung

Kokkinochoria, rote Dörfer, heißt das Gebiet in äußersten Südosten Zyperns. Nicht wegen der sonnenverbrannten Badegäste und auch nicht wegen der politischen Gesinnung der Einheimischen, sondern wegen seiner tiefroten, sandigen Erde. Doch mit dem Anbau von Kartoffeln, die früher der ganze Stolz der Kokkinochoria waren, beschäftigt sich kaum noch jemand. Die feinen Sandstrände der Region boten den Hoteliers Ersatz für das seit 1974 vom türkischen Militär besetzte Hotelviertel von Famagusta. So wurde aus dem schlichten, aber urigen Fischerdorf Agia Napa schnell eine Ferienstadt aus der Retorte. Als mediterrane Partymetropole konkurriert sie inzwischen mit Ibiza und Lloret de Mar. Urlaubende **Familien fahren im Sommer besser nach Protaras und Pernera.**

Wer sich außer für Strand- und Nachtleben auch für Sehenswürdigkeiten interessiert, der ist in Larnaka besser aufgehoben. Zyperns älteste Stadt ist beschaulich geblieben und liegt verkehrsgünstig – die Hotelzone etwas außerhalb hat Autobahnanschluss, auf der anderen Seite endet die Stadt gleich am Flughafen und einem Salzsee. Sanft gewellte Ebenen und Hügelketten bestimmen das Hinterland, das im Sommer und Herbst zu einer kargen Steppenlandschaft verdorrt.

Limassol gefällt mit geschäftigem Großstadtflair. Mancher russische »Biznisman« hat in Zyperns zweitgrößter Stadt sein ausländisches Standbein und lässt Rubel, Dollar und Euro rollen. Auch Limassol hat auf der vom britischen Militär genutzten Halbinsel Akrotiri seinen Salzsee. Weiter im Westen wird die Küste steiler, Felsklippen und Buchten wechseln sich mit den Schwemmlandfächern der Flussmündungen ab. Im Norden, hinter den Vorbergen mit Zyperns Weinbauregion, begrenzt das Troodos-Gebirge den Horizont und lockt zu Tagesausflügen.

Touren in der Region

Auf den Spuren von Leonardo da Vinci

3 Larnaka › Pyrga › Stavrovouni › Lefkara › Choirokoitia › Zygi › Mazotos › Kiti › Larnaka

Dauer: 1–2 Tage, 130 km
Praktische Hinweise: Für diese Tour brauchen Sie einen Mietwagen. Die Sehenswürdigkeiten haben in der Regel von 9–17 Uhr geöffnet, im Sommer auch länger.
Das Kloster Stavrovouni macht ab 12 Uhr Mittagspause.

Der Fels, an dem Aphrodite die Insel betreten haben soll

Diese Tour führt durch das wenig besuchte Hinterland von Larnaka. Um die Kapelle von **Pyrga** › S. 57 rankt sich die tragisch-romantische Geschichte des Lusignan-Königs Janus und seiner Frau Charlotte. Zyperns ältestes und besonders strenges Kloster ***Stavrovouni** › S. 57 duldet zwar keine Besucherinnen innerhalb seinen Mauern – die herrliche Aussicht vom Klosterberg dürfen aber auch Frauen genießen. Die Stickereien von **Lefkara** › S. 58 überzeugten schon Leonardo da Vinci. Zurück versetzt in die Steinzeit wird man in der Ausgrabung ***Choirokoitia** › S. 59. Wer es recht urig mag, der verbringt in einer der Fischtavernen von Zygi die Mittagspause. Familien mit Kindern fahren weiter nach **Mazotos** › S. 56 in den Camel Park, in dem man auch baden kann. Letzter Programmpunkt der Fahrt ist das Marienmosaik in der Kirche von **Kiti** › S. 56.

Wo Aphrodite dem Meer entstieg

(4) Limassol › Kolossi › Kourion › Petra tou Romiou › Anogyria › Limassol

Dauer: 1 Tag, 90 km
Praktische Hinweise: Nehmen Sie für die Hinfahrt die abwechslungsreichere Landstraße, für die Rückfahrt die schnellere Autobahn.
Und vergessen Sie Ihre Badesachen nicht!

Diese Tour führt die Küste entlang zur bedeutendsten Ausgrabung des griechischen Landesteils und macht auf dem Rückweg noch einen Abstecher ins Gebirge. Am Übergang von der kargen Halbinsel Akrotiri zu den üppigen Zitrushainen, die erst in jüngerer Zeit von den aus Morfou vertriebenen Griechen hier angelegt wurden, erhebt sich die Johanniterfeste **Kolossi** › S. 63. Auf einem

Karte Seite 46

Plateau über der Küstenebene besucht man anschließend das römische ***Kourion** › S. 64 und hat dann die Qual der Wahl, sich gleich hier am Strand von den Besichtigungen zu erholen oder damit bis zum **Petra tou Romiou** › S. 80 zu warten, wo die Göttin dem Meer entstieg. Zum Abschluss bietet sich ein Abstecher in das für sein Olivenöl und seine Süßigkeiten bekannte Bergdorf **Anogyra** › S. 66 an.

Durch die Weindörfer der Koumandaria

5 Limassol › Erimi › Omodos › Vouni › Louvaras › Governor's Beach › Amathus › Limassol

Dauer: 1 Tag, 160 km
Praktische Hinweise: Auf dieser Tour laden hervorragende Weingüter zur Verkostung. Wer am Steuer des Mietwagens sitzt, sollte der Versuchung aber widerstehen (oder zum Traubensaft greifen):
Für Autofahrer gilt auf Zypern die 0,0-Promillegrenze!

Diese Fahrt führt ins Weinland an den Südhängen des Troodos-Gebirges. Erste Station ist das von der Autobahnausfahrt gut ausgeschilderte Weinmuseum in **Erimi** › S. 64. Über Agios Ambrosios mit seiner ökologischen Weinkellerei geht es weiter in den Weinort ***Omodos** › S. 67, das mit seinen engen Gassen und den gekalkten Häuschen an ein Kykladendorf erinnert. In der Eselsfarm von **Vouni** › S. 67 bekommen ausgemusterte Grautiere ihr Gnadenbrot. Zur Mittagspause empfiehlt sich der schattige Rastplatz Green Valley (bei Trimiklini) mit seinen Gartenlokalen, Marktständen und dem hübschen Wasserfall. Die berühmte Scheunendachkirche von **Louvaras** › S. 67 ist für ihre Fresken aus der Renaissance berühmt und wartet auf die Anerkennung als UNESCO-Weltkulturerbe. Den Rest des Nachmittags verbringen Sie am **Governor's Beach** › S. 63. Und wenn es sich zeitlich fügt, klettern Sie am Rückweg nach Limassol noch auf die Akropolis von **Amathus** › S. 63, um dort **Limassols schönsten Sonnenuntergang** zu genießen. Echt gut!

Von der Partymeile zu den endlosen Stränden

6 Agia Napa › Kap Gkreko › Protaras › Pernera › Deryneia › Paralimni › Agia Napa

Dauer: 1 Tag, 65 km
Praktische Hinweise: Dieser Vorschlag eignet sich auch als Radtour. Kurze Strecken ausgenommen begleiten asphaltierte Radwege die Autostraße. Das Gelände ist weithin eben und es gibt nur wenige, zudem sanfte Steigungen.
Mehr Kraft erfordert auf der Fahrt zum Kap der manchmal recht kräftige Ostwind.

Parallel zur Küstenlinie geht die Fahrt zum naturgeschützten **Kap Gkreko** › S. 48, wo man zum

Aussichtspunkt mit dem Friedensdenkmal aufsteigen kann. Abstecher führen meerwärts zur markanten Kapelle Agioi Anargyroi und zur sandigen Konnos Bay. Auch in **Protaras** › S. 49 und Pernera kann man Bade- und Lunchpausen einlegen. In **Deryneia** › S. 50 blickt man über eine Mauer ins türkisch besetzte Varosha. Via **Paralimni** › S. 49 geht es zurück nach Agia Napa.

3 **Auf den Spuren von Leonardo da Vinci** Larnaka › Pyrga › Stavrovouni › Lefkara › Choirokoitia › Zygi › Mazotos › Kiti › Larnaka

4 **Wo Aphrodite dem Meer entstieg** Limassol › Kolossi › Kourion › Petra tou Romiou › Anogyria › Limassol

5 **Durch die Weindörfer der Koumandaria** Limassol › Erimi › Omodos › Vouni › Louvaras › Governor's Beach › Amathus › Limassol

6 **Von der Partymeile zu den endlosen Stränden** Agia Napa › Kap Gkreko › Protaras › Pernera › Deryneia › Paralimni › Agia Napa

Unterwegs im Süden Zyperns

1 Agia Napa 1

Sun 'n' fun verheißt das einstige Fischerdorf › S. 51, das heute ausschließlich vom Fremdenverkehr lebt. Nur das alte **Kloster** im Zentrum hat sich um seinen venezianischen Brunnen und die Kapelle etwas Beschaulichkeit bewahrt. Doch deshalb kommt niemand nach Agia Napa, sondern wegen des feinen Sandstrands. Surfbrett- und Bootsverleih sowie Tauchkurse bieten **reichlich Gelegenheit zum Wassersport.** Strandbars und in der **Nissi Bay** sogar Zyperns einziger Bungeekran sorgen für Unterhaltung, ebenso der Aphrodite Waterpark mit seinen Riesenrutschen. Abends trifft man sich am Seferis-Platz, von dem aus Nachtschwärmer ihren Zug durch die vielen Discos Morgengrauen antreten.

Echt gut!

Info

Cyprus Tourism Organisation (CTO)
12 Kryou Nerou][Tel. 2372 1796, www.agianapa.org.cy.
Mo–Sa vormittags, Mo, Di, Do und Fr auch nachmittags geöffnet.

Verkehrsmittel

EMAN, Tel. 2372 1321 und Leopa Bus Service, Tel. 2382 1318. Abfahrt am Hafen und am Kloster, nach Larnaka, Nikosia und Protaras/Paralimni. Fahrpläne hängen aus.

Hotels

- **Nissi-Beach Holiday Resort**

Nissi Avenue][Tel. 2372 1021
www.nissi-beach.com
Das Vier-Sterne-Hotel ist eingebettet in eine parkähnliche Gartenlandschaft und hat einen Traumstrand mit Wassersportzentrum. Disco und Bar befinden sich abseits der Schlafräume. ●●●

- **Faros**

Makarios Av.][Tel. 2381 6100
www.faroshotel.com.cy
Das zentral, aber ruhig gelegene Haus ist eine gute Wahl für Partygänger. ●

Restaurant

Taverna Napa
Od. Dimokratias
Tgl. abends geöffnet
Das älteste Restaurant am Ort oberhalb des Zentrums, mit bezaubernder Weinlaube. ●●

Das alte Kloster von Agia Napa

Karte Seite 46

Wandern auf dem naturgeschützten Kap Gkreko

Ausflug zum Kap Gkreko

Neben Ausflüglern besuchen vor allem Zugvögel das naturgeschützte Kap. Ein Friedensdenkmal krönt den Gipfel, der eine herrliche Aussicht bietet. Pfadfinder erreichen das Kap auf dem Fernwanderweg E4, für Radler hat man neben der Landstraße eine Route angelegt.

Entlang der Ostküste weiter nordwärts wandernd kommt man zur blendend weißen Kapelle Agioi Anargyroi. Dann führt der Weg hinunter an die Bucht zu einer flachen Meeresgrotte. Auf ihrem Grund funkeln Münzen, deren Spender sich die Erfüllung eines geheimen Herzenswunschs erhoffen.

Charakteristisch für die Landschaft sind die zahlreichen Windräder. Mit ihrer Hilfe förderten die Bauern das einst im Überfluss vorhandenen Grundwasser und verwandelten die rotbraune Erde in fruchtbare Gärten.

Paralimni 2 und Umgebung

Die Hotelsiedlung **Protaras** und das kleinere **Pernera** wurden in den letzten Jahren verstärkt ausgebaut und bieten alles für einen Badeurlaub nach Maß. Einen Überblick gewährt die auf einem Hügel hinter der Tourist-Information gelegenen Wallfahrtskirche Profitis Elias. Unten am Meer, **an der malerischen Fig Tree Bay** Echt gut! und den anderen sandigen Badebuchten, kann man sich in der Sonne aalen und von den Wellen umspülen lassen.

An Protaras' »Dorfstraße« beeindrucken am Abend die **Magic Dancing Waters** als grandios inszeniertes Spektakel aus Wasserfontänen, Lichteffekten und Musik. Die Wasserspiele beginnen täglich um 21 Uhr und kosten 13 € Eintritt.

Beide Siedlungen gehören zur Kleinstadt **Paralimni,** in der der Alltag noch ohne großen Touristenandrang vonstatten geht. Etwas weiter nördlich bietet **Deryneia** eine »Checkpoint-Charlie«-Atmosphäre, über deren Reiz man geteilter Meinung sein kann. Im letzten Dorf vor Famagusta wetteifern Cafés und Tavernen um die beste Aussicht in den »besetzten Teil«.

Wer einen Abstecher nach Nordzypern machen will, der kann die Grenze am **Übergang Agios Nikolaos** passieren. Auf der türkischen Seite warten Taxis nach Famagusta › S. 124.

Info

Cyprus Tourism Organisation (CTO)
Leoforos Protaras, Protaras
Tel. 2383 2865
Mo–Fr 9.30–15.30 Uhr,
Sa bis 13.30 Uhr

Restaurant

Fernagin
2 Athenon, Deryneia
Tel. 2382 7700
Der Landgasthof hinter der Panagia-Kirche garantiert allabendlich kulinarischen Genuss in stilvollem Ambiente. Spezialität ist Lammkeule aus dem Ofen; Reservierung ist ein Muss. ●●

Traumhaftes Strandleben an der Fig Tree Bay bei Protaras

Special

Von Club zu Club in Agia Napa

Britannien ist eine coole Insel, aber mit kaltem Wetter. So machte sich die Londoner Szene im Sommer ans Mittelmeer auf, um sich dort heißen Rhythmen hinzugeben. Mit dem Aufstieg von UK-Garage zur angesagten Massentanzmusik errang das an der Südostspitze Zyperns gelegene Agia Napa den ersten Platz in der Liga der mediterranen Party-Ferienorte und ließ dem bislang führenden Ibiza das Nachsehen. Dessen sind sich jedenfalls Englands Trendmagazine absolut sicher, und selbst die ehrwürdige BBC übertrug bereits Party-Nächte live aus Agia Napa.

Mit der üblichen Verzögerung entdeckte dann auch die kontinentaleuropäische Szene den neuen Stil mit seinen schwungvollen Breakbeats – und damit die Partystadt Agia Napa. Längst hat sich der Ort deshalb von einem ruhigen Fischerdorf zur unumstrittenen Nummer eins in Sachen Nachtleben auf Zypern entwickelt, beliebt vor allem bei jugendlichen Urlaubern aus Deutschland, der Schweiz, Großbritannien und Skandinavien.

Partyhauptstadt des Mittelmeers

Szenegrößen wie DJ Luck, das Dreem Teem oder gar MJ Cole alias Matt Coleman, der manchen als Erfinder des UK-Garage gilt, verbringen den Sommer in Agia Napa und stehen dort hinter den Plattentellern und Mischpulten. Auf ihren Spuren bevölkern von Juni bis September allabendlich bis zu 30 000 Jugendliche die Gassen, Plätze, Kneipen und zwei Dutzend Clubs des einstigen Fischerdorfes.

Die Party beginnt in den Pubs und Bars rund um den Seferis-

Platz, verlagert sich nach Mitternacht in die Clubs und endet häufig genug in wilden Strandfeten, die bis lange nach Sonnenaufgang dauern können.

Sex 'n' Drugs?

Außer Moët et Chandon als prickelndem Begleiter ebensolcher zur Schau gestellter Erotik fließen auf den Partys auch reichlich Wodka und besonders das vergleichsweise preiswerte Bier. Doch im Unterschied zur Szene auf den Balearen ist Agia Napa weitgehend frei von illegalen Rauschmitteln. Zu streng sind die Kontrollen der Polizei, die sich bei der Drogenfahndung auch auf die Tipps ihrer »informellen Mitarbeiter« unter dem Reinigungspersonal der Hotels und Pensionen verlässt. Ärger bereiten den Behörden eher Schlägereien oder jene allzu freizügigen Paare, die sich öffentlich und unter dem Beifall der Zuschauer verlustieren. Mit den über die ganze Piazza dröhnenden Beats konkurriert die sonore Stimme von Pater Papageorgiou, dessen allabendlich über die Lautsprecher der Kirche ausgestrahlten Gebete dem lasziven Treiben Contra bieten.

Zwei Schritte voraus?

UK-Garage oder 2Step, wie das Genre auch genannt wird, ist Tanzmusik pur und erfreut alle, denen House-Musik schon immer zu eintönig war. Anders als die klassischen House-Tracks betont der 2Step nicht alle vier Schläge des Viervierteltakts (4-to-the-floor), sondern lässt den zweiten und vierten Schlag einfach aus. Zudem einem unregelmäßigen, kurios verzögerten Rhythmus folgend, ist der UK-Garage kaum zu erklären – man muss ihn hören.

- Im **Bedrock Inn** (**www.bedrockinn.com**) mit seinem schrägen Fred-Feuerstein-Steinzeit-Dekor kann man sich vor Mitternacht mit Alkohol und Karaoke für das Nachtleben in Stimmung bringen.
- Die großen Clubs wie **Castle** (**www.thecastleclub.com**), **Starsky's** (**www.starskysayianapa.com**), **Piazza** (**www.clubpiazza.com**) und **Car Wash** liegen allesamt im Ortszentrum und sind von Juni bis September tgl. 1–5 Uhr geöffnet. An Eintrittsgeld muss man 5–20 € rechnen, bei Gastspielen der Star-DJs auch mehr.
- CDs zum Einstimmen auf heiße Partynächte sind etwa **Ayia Napa Sunset** und **This is Ayia Napa**, beide Zyx Records; **Ayia Napa – The Album**, 404 Music Group; **This is Best of Ayia Napa**, Flute World Records.

Karte Seite 55

Larnaka 3

Mit 53 000 Einwohnern ist Larnaka Zyperns drittgrößte Stadt und nach Limassol der wichtigste Hafen des griechischen Landesteils. Einen Hauch von Nizza und Cannes verbreitet die Strandpromenade, wo man unter Palmen südländisches Flair genießen kann. Der vorgelagerte Sandstrand verführt zum faulen Sonnenbad; im angrenzenden Jachthafen treffen sich die Segler aus aller Herren Länder. Trotz des Flughafens hat sich Larnaka eine sympathische Normalität bewahrt. Ein Spaziergang durchs frühere Türkenviertel um die Moschee lässt den Orient lebendig werden. Auch das lebhafte Basarviertel bei der Lazarus-Kirche lädt zum Flanieren ein. Schier endlos dehnt sich der Sandstrand im Osten der Stadt, an dem auch die meisten Hotels liegen.

Kition, wie Larnaka in der Antike hieß, wurde der Sage nach von dem in der Bibel erwähnten Kittim, einem Enkel Noahs, gegründet. 1075 v.Chr. wurde die Stadt durch ein Erdbeben zerstört und erst im 8. Jh. v.Chr. durch die Phönizier als Handelsstützpunkt wieder aufgebaut. Unter den Franken hieß Larnaka wegen seiner Salzgärten Salina, die Genuesen nannten es Scala (Hafen). Den heutigen Namen, abgeleitet vom altgriechischen Larnax (Steinsarkophag), bekam die Stadt von den Venezianern, die sich in der Renaissance als erste für die Altertümer Zyperns interessierten.

Hafenkastell und Lazarus-Kirche

Das 1625 von den Türken erbaute **Hafenkastell** Ⓐ ist die Perle in der Uferfront Larnakas. Auf den wuchtigen Wehrmauern stehen noch alte Kanonen, einige davon »made in Germany«. Das Burgmuseum zeigt Funde aus Kition und der bronzezeitlichen Siedlung am Salzsee (Mo–Fr 9–17 Uhr).

Die **Kirche des heiligen Lazarus** Ⓑ wurde unter Kaiser Leo VI. (886–912) über dem Grab des Stadtheiligen errichtet. Gemäß der Überlieferung soll der geheilte Lazarus vor den Nachstellungen der Juden nach Zypern geflohen sein, wo er Bischof von Kition wurde. Leo überführte die Reliquie des Heiligen nach Konstantinopel, wo sie von den Kreuzfahrern geraubt und nach Marseille gebracht wurde. Doch 1970 fand man unter der Kirche einen Sarkophag mit einem Schädel. Ob es sich bei dieser inzwischen vergoldeten und in einer Vitrine ausgestellten Reliquie wirklich um das Haupt des Heiligen handelt, wird sich wohl nie mehr klären lassen.

Auf dem kleinen Friedhof der Kirche finden sich Spuren jener Zeit, als Larnaka eine wichtige Station am Handelsweg zwischen Europa und Indien war. Vorwiegend sind dort Kaufleute aus England bestattet.

Museen am Hafen

Die von über sechs Generationen zusammengetragene Privatsammlung des ***Pierides-Museums** Ⓒ ist in einer repräsentativen Gründerzeitvilla untergebracht. Das Haus selbst gewährt einen Einblick in den Lebensstil der Honoratioren um die Wende vom 19. zum 20. Jh. Unter den vielen Exponaten bestechen die hervorragenden Keramikwaren von der Jungsteinzeit bis ins Mittelalter (Mo–Do 9–16, Fr/Sa 9–13 Uhr).

Das **Städtische Kulturzentrum** Ⓓ zeigt neben monatlich wechselnden Präsentationen auch eine paläontologische Dauerausstellung mit Knochenfunden aus der Zeit der Dinosaurier und der zypriotischen Zwergflusspferde (Di–Fr 9–14 Uhr, Sa 9–12 Uhr, Sept.–Juni auch So 9–12 Uhr).

Archäologische Stätten

Der Besuch des **Archäologischen Museums** Ⓔ, der **Akropolis** Ⓕ und der **Ausgrabungen des antiken Kition** Ⓖ lohnt sich nur für Spezialisten, denn der Laie gewinnt anhand der spärlichen Überreste keine Vorstellung mehr von den mykenischen und den phönizischen Tempeln und den Kupferwerkstätten.

Info

Cyprus Tourism Organisation (CTO)
Platia Vassileos Pavlou
Tel. 2465 4322
Mo–Sa vormittags, Mo, Di, Do und Fr nachmittags geöffnet.
Die Filiale am Flughafen ist zu allen Flügen besetzt.

Verkehrsmittel

Flughafen: 4 km westlich des Stadtzentrums; die Bushaltestelle liegt unmittelbar vor dem Terminal.
Busverbindung: Von der Promenade mit EMAN nach Agia Napa; mit Leopa-Bus nach Paralimni; mit Intercity nach Nikosia und Limassol; mit dem Stadtbus 18 zu den Badestränden im Osten. Ab Platia Lazaros Lefkara-Bus sowie Stadtbuslinien 22 und 24 (zum Flughafen und zur Tekke), Linie 6 nach Kiti.
Servicetaxis: Travel Express, Tel. 7777 7474, nach Nikosia, Limassol, Paphos.

Hotels

■ **Golden Bay**
Dekelia Road
Tel. 2464 5444
www.lordos.com.cy
Strandhotel in gewachsener Gartenanlage 10 km außerhalb der Stadt an der Küste im Osten; ruhig und gepflegt, Kinderbetreuung, Schwimmbad, Fitnesscenter und Wellnessbereich. ●●●

■ **Sandbeach Castle**
Piale Pasha
Tel. 2465 5437
www.castlehotel.com.cy
Direkt am Makenzie Beach: familiär geführtes Haus, das an eine Burg erinnert. 32 Zimmer mit Balkon. ●

Restaurants

■ **Psarolimano**
Piale Pasha, am Fischerhafen
In der Fischtaverne dürfen die Meerestiere direkt in der Küche aus dem tgl. Angebot ausgewählt werden. ●

■ **Militzis**
42 Piale Pasha
Deftige zypriotische Küche, z.B. Innereien. Dazu gibt es als Draufgabe einen schönen Blick aufs Meer. ●

■ **Art Café 1900**
Od. Stasinou

Karte Seite 46

Mi–Mo ab 18 Uhr
Künstlerrestaurant mit Galerie in einem Bau des 19. Jhs.

■ **Bäckerei Kapitanis**

Od. Zinonos Kitieos 59

Für einen Snack bietet tagsüber in der belebten Hauptstraße die Bäckerei Kapitanis süße und salzige Leckereien. Zu empfehlen sind die gefüllten Teigtaschen. ●

Ausflüge von Larnaka

Zum Salzsee 4

Im Winter finden sich am Salzsee vor den Toren der Stadt **Flamingos, Reiher, Höckerschwäne** und andere Zugvögel ein. Aus einem gepflegten Hain am Ufer ragt das

Echt gut!

A Hafenkastell
B Kirche des heiligen Lazarus
C Pierides-Museum
D Städtisches Kulturzentrum
E Archäol. Museum
F Akropolis
G Kition

alte Minarett der Moschee **Hala Sultan Tekke** hervor (tgl. 8–17, im Sommer bis 19.30 Uhr, Eintritt frei), der wichtigsten muslimischen Wallfahrtsstätte Zyperns. Hala Sultan (arabisch: *Umm Haram*) war eine Verwandte des Propheten, die 649 auf die Insel kam und dort der Überlieferung nach vom Maultier stürzte und starb.

Nach Kiti 5

Außer in Thessaloniki und auf dem Sinai ist im Bereich der Ostkirche nur in der Apsis der Kirche ***Panagia Angeloktistos** in Kiti (11 km) ein Mosaik aus dem 6. Jahrhundert aus der Zeit vor dem Bildersturm zu bewundern. Lebensgroß steht Maria auf einem Schemel, flankiert von Erzengeln (tgl. 8–12, 14–16 Uhr, Juli/Aug. bis 18 Uhr).

Der Camel Park in Mazotos 6

Der Camel Park in Mazotos ist besonders an Wochenenden ein beliebtes Ausflugsziel. Die aus Israel stammenden Tiere können in Karawanen zum nahen Strand geritten werden. Schwimmbecken,

Kataklysmos

Verglichen mit den großen Kirchenfesten Ostern, Neujahr oder Mariä Entschlafung (15. August) spielt Pfingsten bei den orthodoxen Gläubigen Zyperns nur eine Nebenrolle. Anders in Larnaka: Dort feiert die Stadt eine ganze Woche lang Kataklysmos, ihr größtes Volksfest. Auf dem Jahrmarkt entlang der Uferpromenade locken Stände mit gebackenen Teigbällchen (Loukoumades), türkischem Honig (Loukoumia) und den in eingedickten Traubensirup gehüllten Mandelkernen (Soutsouko). Jugendliche umlagern die Schießstände, Familien hoffen auf Glück an den Losbuden. Auf den Straßen wetteifern Musikanten, Dichter und Tanzgruppen um die Aufmerksamkeit des Publikums.

Der ursprünglich religiöse Charakter des Festes wird vor allem am Pfingstmontag deutlich. Dann segnet der Priester das Meer und wirft ein Kreuz hinein, dem sogleich ein Pulk junger Männer folgt, die das Kreuz wieder aus den Fluten zu fischen versuchen – ein Ritual, das sich auch im Januar zu Epiphanias vollzieht. Beim Kataklysmos wird nicht der Herabkunft des Heiligen Geistes auf die Jünger gedacht, sondern der Errettung Noahs und der Menschheit vor der Sintflut. Dabei reichen das Motiv der Sintflut und die Wurzeln des Festes bis weit in vorchristliche Zeit zurück.

Mit der Sage von Deukalion, dem Sohn des Prometheus, und seiner Gattin Pyrrha, die als einzige der vom erzürnten Zeus über das Menschengeschlecht gesandten Sintflut entkommen, kennt die griechische Mythologie eine der biblischen Geschichte ähnliche Überlieferung. Andere Forscher sehen einen Zusammenhang zwischen Kataklysmos und dem Wasserfest der Aphrodite.

Karte Seite 46

Panagia Angeloktistos in Kiti

Restaurant und ein großer Spielplatz laden zum Verweilen ein (tgl. ab 8 Uhr, Ausritte ab 9.30 Uhr, www.camel-park.com).

Pyrga 7

Die von außen unscheinbare Kapelle **Agia Ekaterini** (von Sonnenauf- bis Sonnenuntergang geöffnet, Schlüssel im Kafenion) entstand 1421 in der Spätphase der Frankenherrschaft. Sie symbolisiert das Ende der Lusignan-Dynastie, die in ihrer Blütezeit reich genug war, um die gotischen Kathedralen von Nikosia und Famagusta sowie das Kloster Bellapais zu stiften, und deren Kraft zuletzt gerade noch für eine bescheidene Kapelle reichte.

Die meisten Wandbilder stehen stilistisch in der byzantinischen Tradition. Einzelne Figuren, etwa die Maria Hodegetria (die Wegweisende) mit dem Jesuskind auf dem Arm, verraten, dass der namenlose Maler auch mit der Kunst der italienischen Renaissance vertraut war. In der Kreuzigungsszene über dem Altar kniet, ins Gebet versunken, ein gekröntes Paar – Janus Lusignan (1398–1432) und Charlotte von Bourbon, seine zweite Frau.

Die Kapelle gehörte zum königlichen Landgut Casal Piria. Vielleicht beteten die beiden hier auch am 6. Juli 1426, dem Vorabend der gegen ägyptische Mamelucken verlorenen Schlacht. Der unglückliche Janus, der schon einen Teil seiner Kindheit in genuesischen Kerkern verbracht hatte, wurde nach Kairo verschleppt. Zwar brachte ihm das ungeheure Lösegeld von 200 000 Dukaten nach einem Jahr wieder die Freiheit; aber Janus war ein gebrochener Mann und soll nie wieder gelächelt haben.

*Stavrovouni 8

Zyperns ältestes Kloster mit der Reliquie eines Splitters vom heiligen Kreuz krönt einen weithin sichtbaren Felsen (688 m), der

Der Kirchturm von Pano Lefkara

vom Gut Agia Varvara aus auch auf einem Wanderpfad erklommen werden kann. Es wurde 327 durch die heilige Helena an der Stelle eines alten Aphrodite-Tempels gegründet. Der trutzige Klosterbau wurde im 17. und 18. Jh. errichtet. Abgesehen von der Reliquie belohnt **die grandiose Aussicht** den zu Fuß anstrengenden Weg nach oben (tgl. April–Sept. 8–12, 15–18 Uhr, Okt.–Mai 8–12, 14–17 Uhr; Frauen ist dort der Zutritt verwehrt).

Echt gut!

Aus dem Reisebuch des Pilgers Willibrand von Oldenburg, der im 13. Jh. Zypern besuchte, erfährt man, warum die heilige Helena, die zuvor bei einer Palästinareise das »wahre« Kreuz Christi wiederentdeckt hatte, hier ein Kloster gegründet hatte. »Der Teufel quälte die Bewohner der Gegend beharrlich. Die frisch Verstorbenen riss er nachts aus den Gräbern und brachte sie in die Hütten ihrer Freunde, so dass die Menschen ihre Toten nicht mehr bestatten konnten. Die mitfühlende Helena stellte am Berg jenes Kreuz auf, das sie von Jerusalem mitgebracht hatte, und vertrieb so die Dämonen …«

Lefkara 9

Der Ort ist für seine traditionsreichen Spitzen und Stickereien bekannt, die von den Frauen des Dorfes seit der venezianischen Zeit gefertigt werden › S. 34. Schon Leonardo da Vinci erwarb hier 1481 eine Altardecke für den Mailänder Dom. Die geometrischen Muster und fein gewirkten Hohlsäume der Lefkaritika verbinden griechische, byzantinische und venezianische Motive. Die Produktion einer einzigen Tischdecke dauert mehrere Wochen, was den hohen Preis erklärt. Außerdem werden in Lefkara Silberschmiedearbeiten angeboten. Von örtlichen Meistern stammt das mehr als 700 Jahre alte Kreuz der Kirche Tou Timiou Stavrou.

Die Venezianer schätzten den Ort als Sommerfrische. Auch der campanileartig freigestellte Kirchturm von Pano Lefkara verrät italienische Vorbilder. Vor allem im Oberdorf Pano Lefkara sind die Häuser stattlich, fast städtisch und erinnern an die Bergdörfer im Inneren Siziliens.

Das **Volkskundemuseum** im aufwendig restaurierten Patsalos-Haus bezeugt den Wohlstand vergangener Tage. Mit einer unvollendeten Stickerei gibt es gleichzeitig einen Einblick in die

Technik von Lefkaras Textilkünstlerinnen (tgl. Nov.–März 8–16 Uhr, April–Okt. 9–17 Uhr).

Lefkaras **Wachsmuseum** zeigt neben internationalen Berühmtheiten vor allem Szenen aus Zyperns Geschichte (tgl. Mai–Okt. 9–19 Uhr, Nov.–April 9–17 Uhr).

Hotel

Lefkarama
Pano Lefkara
Tel. 2434 2154
www. lefkarama.com
Familiäre Pension in einem typischen dörflichen Steinhaus. Zehn traditionell eingerichtete Zimmer, Reservierung empfohlen. ●

*Choirokoitia 10

Die neolithische Siedlung thront am Hang und auf einem Hügel über dem Fluss Marinou. (tgl. 8–17, im Sommer bis 19.30 Uhr) Lange wurden die bis ins 7. Jh. v. Chr. zurückreichenden Mauern steinerner Rundhütten (Tholoi) als früheste menschliche Spuren auf Zypern gedeutet, doch fanden die Archäologen bei Kalavassos (Kastros) ein noch älteres Dorf und am Kap Gata einen Lagerplatz aus der Mittelsteinzeit.

Mehrere Siedlungsschichten liegen übereinander. Um 3800 v.Chr. wurde Choirokoitia endgültig aufgegeben. In den Funden spiegelt sich menschliche Entwicklungsgeschichte: Die ersten Bewohner lebten noch als Jäger und Sammler. Erst mit der Zeit lernten sie, Felder mit Getreide und Hülsenfrüchten zu bestellen und Haustiere zu züchten. Neue Einwohner brachten die Kenntnisse aus Syrien und Kilikien mit.

Unter den Werkzeugen fallen die wertvollen, sehr scharfkantigen Speerspitzen aus Obsidian auf. Die Bauweise der Rundhütten lässt sich am besten anhand eines Tholos gleich beim Eingang nachvollziehen: Zwei Pfeiler stützten eine hölzerne Zwischendecke. Auf der Außenseite umgab eine Art Vordach die Hütten.

Limassol 11

Zyperns zweitgrößte Stadt, griechisch Lemesos genannt, liegt ziemlich genau in der Mitte der Südküste. So eignet sie sich besonders als Ausgangsbasis für Urlauber, die von einem Strandhotel aus gerne Tagesausflüge unternehmen. Die 165 000 Einwohner gelten als äußerst lebenslustig. Diesen Ruf verdanken sie ihrem **überschwänglich gefeierten Weinfest, dem Karneval und dem abendlichen Treiben** auf der Amüsiermeile des Badevororts Potamos Germassogeias. Auch im Stadtzentrum hat sich rund um die Burg ein sogar sonntags belebtes Ausgehviertel mit Cafés und Restaurants entwickelt.

Echt gut!

Neider betrachten die Stadt als Kriegsgewinnler. Der Hafen, Südzyperns größter Umschlagplatz für den Außenhandel, verdankt seinen Boom der türkischen Besetzung von Famagusta, das bis 1974 der bevorzugte Landeplatz war. Das ungezügelte Wachstum hat dem Stadtbild nicht gut getan.

Den modernen Geschäftsstraßen fehlt es an Flair, auch historische Bauten besitzt die Stadt kaum. Viel gewonnen hat Limassol jedoch durch den neuen Uferpark mit Fußgängerpromenade. Vom Einzug einer Universität in das frühere Hauptpostamt erhofft man sich eine Belebung des Marktviertels.

Burg A

Die über die Jahrhunderte vielfach veränderte Burg ist die herausragende Sehenswürdigkeit der Altstadt. Der Bau reicht bis in byzantinische Zeit zurück, später residierte hier der Johanniterorden. Die Osmanen nutzten das Kastell als Gefängnis. In den Gewölben stellt das **Museum des Mittelalters** Grabplatten, Waffen, Rüstungen und Kleinfunde aus. Fotos zeigen die mittelalterlichen Burgen und Kirchen Zyperns (Di–Sa 9–17, So 10–13 Uhr).

Aus der Stadtgeschichte

Obwohl seit dem 6. Jh. Sitz eines Bischofs, gewann die Stadt erst unter den Kreuzrittern an Bedeutung. Richard Löwenherz landete hier auf seinem Kreuzzug ins Heilige Land. 1191 heiratete er in der Burg seine Braut Berengaria, deren Entführung durch den zypriotischen Potentaten Isaak Komnenos der eigentliche Grund für die Invasion der Kreuzritter gewesen war. Nach dem Fall von Akko (1291) machten die Ritterorden der Templer und der Johanniter Limassol für rund 20 Jahre zu ihrem Hauptsitz. Viele Erdbeben und Überfälle v.a. der Genuesen, Mameluken und Osmanen ruinierten die Stadt. Erst mit den Briten blühte Limassol vor gut 100 Jahren wieder auf.

Carob Mill B

In den Lagerhäusern hinter der Burg wurde eine aus den 1930er-Jahren stammende Johannisbrotmühle restauriert (tgl. 10–20 Uhr, Winter bis 17 Uhr, Eintritt frei). Wandtafeln erklären die Maschinerie und den Verarbeitungsprozess der Johannisbrotkerne. Der oft für Events genutzte Komplex umfasst auch ein Restaurant.

Archäologisches Museum C

Unter den Exponaten verdienen **speziell die ausdrucksvollen Terrakotta-Figuren** Beachtung, darunter Brotteigkneter und die Dame mit Korb, die an eine Waschfrau erinnert. Die Statue des gnomenhaften Bes, eines ägyptisch-mesopotamischen Gottes von enormer Hässlichkeit, wurde 1978 in der antiken Stadt Amathus gefunden (Di–Fr 8–15, Do bis 17, Sa 9–15 Uhr).

Zoo D

Sind die Stände des Weinfestes abgebaut, bleiben dem Stadtpark als Hauptattraktion noch die Löwen, Affen und Vögel in Zyperns einzigem Zoo. Hier bietet sich die Gelegenheit, die in der freien Natur so scheuen Mufflons zu sehen. Tierfreunde sollten jedoch auf einen Zoobesuch verzichten, denn

Karte Seite 61

einige Tiere werden wenig artgerecht gehalten (tgl. 9–16, im Sommer bis 19 Uhr).

Info

Cyprus Tourism Authority (CTO)
155A Spyrou Arouzou
Tel. 2536 2756
www.limassolmunicipal.com.cy
Mo–Sa vormittags, Mo, Di, Do und Fr auch nachmittags geöffnet.

Verkehrsmittel

Busse: Alepa, Haltestelle an der Uferstraße in Höhe der Burg, Tel. 9962 5027, nach Paphos. Busse nach Nikosia, Tel. 2266 5814, und Platres (Mo–Fr 9.30 Uhr) starten am Marktplatz.
Der Stadtbus 30 verkehrt vom Neuen Hafen nach Amathus.
Vom Terminal Andreas Themistokles pendelt Linie 2 während der Saison

Ⓐ Burg
Ⓑ Carob Mill
Ⓒ Archäologisches Museum
Ⓓ Zoo

zum Lady Mile's Beach, ein weiterer Badebus zum Governor's Beach.
Servicetaxis: Travel Express, Tel. 7777 7474, nach Nikosia, Larnaka, Paphos.

Hotels

■ **Curium Palace**
11 Byron
Tel. 2589 1100
www.curiumpalace.com
Nahe des Archäologischen Museums, mit kleinem Garten und eigenem Schwimmbad. 63 ansprechende Zimmer mit Balkon und Internet. ●●

■ **Continental**
137 Spyrou Araouzou
Tel. 2536 2530
Fax 2537 3030
Einfaches, älteres Haus im Stil der Kolonialzeit, schöne Lage an der Uferpromenade. Zum Haus gehört ein kleines Café. ●

Restaurants

■ **Aliada**
117 Eirinis
Tel. 2534 0758
Mo–Sa ab 20 Uhr
Schick und angesagt: Vorspeisen vom Buffet eröffnen das köstliche Menü. Schließlich rollt der Dessertwagen an und als Digestif gibt es einen *Tsivania* (Tresterschnaps).
Fr und Sa reservieren! ●●

■ **Pantopoulion**
Old Market Square
Tel. 2581 8481
Das Restaurant in der Markthalle bedient mittags Marktgänger und Angestellte mit wechselnden Tagesgerichten, abends gibt es vorzügliche Meze. Fr/Sa bei griechischer Livemusik ist Reservierung empfohlen. ●●

■ **Ladas**
Agios Theklis
tgl. ab 12 Uhr
Die renommierte Fischtaverne am alten Hafen bewirtet seine Gäste in den Räumen eines ehemaligen Lagerhauses. ●●

Shopping

Im **Sea Sponges Centre** am Kreisverkehr vor dem Alten Hafen kann man Naturschwämme in allen Formen und Größen erstehen, zusätzlich Naturkosmetik und Produkte aus Olivenöl. Versandhandel über www.apacy.com.

Nightlife

Die Gegend um die Burg ist das beste Ausgehviertel der Stadt. Eine Reihe von Diskotheken, Tavernen und Bars findet man auch im Vorort Potamos Germassogeias.

Sport

Vor den Hotels im Osten der Stadt erstreckt sich ein schmaler Sandstreifen, der sich bis zu den Ruinen von Amathus zieht und an dem auch allerlei **Wassersportmöglichkeiten**

Weinkellereien

Für den feucht-fröhlichen Ruf der Stadt Limassol sind sicher auch die großen Weinkellereien und die Brauerei verantwortlich, die sich im Westen an der Straße zum Hafen niedergelassen haben. Einige Betriebe veranstalten Führungen mit anschließender Verkostung. Nach den unregelmäßigen Terminen erkundigt man sich am besten im Hotel oder bei der Tourist-Information.

Das Ruinenfeld von Amathus, einst wichtigster Hafen der Insel

angeboten werden. Schöner ist der weite **Lady Mile's Beach** im Westen der Stadt. Da der Strand im Gebiet der britischen Militärbasis liegt, sollte man nicht den Ausweis vergessen.

Ausflüge von Limassol

Amathus 12

Limassols Hotelzone hat sich bis an den Rand des hellenistisch-römischen Ruinenfelds von Amathus ausgebreitet. Alle größeren Steine wurden im 19. Jh. für den Bau des Suezkanals nach Ägypten verschifft, so dass lange nur noch Fundamente zu sehen waren. Der Aphrodite-Tempel auf der Akropolis wurde rekonstruiert.

Vor dem Amathus Beach Hotel kann eine Grabkammer besichtigt werden, östlich vom Hotel die frühere Agora und die Reste einer Basilika (tgl. 9–17, Juni bis Aug. bis 19.30 Uhr).

Governor's Beach 13

Bizarr geformte weiße Sandsteinklippen und intime Badebuchten, die manchmal gerade nur Nischen im Fels sind, machen den Governor's Beach zu einem der schönsten Badeplätze an der Südküste. Tavernen bieten Snacks und preiswerte Mahlzeiten, auf einem weitläufigen, gepflegten Campingplatz verbringen auch Einheimische ihren Urlaub.

Restaurants

- **Thalassa** überzeugt am **Governor's Beach** mit beste Lage und Küche am Strand ●●.
- Auch im benachbarten Fischerdorf **Zygi** hat man die Wahl unter mehreren guten Lokalen, deren Spezialität Meerestiere sind: **Koumbaris Fish-Tavern** (**Tel. 2433 2450; ●●–●●●**), **Diana Fish** (**Tel. 2433 2860; ●●– ●●●**) oder auch **Captain's Table** (**Tel. 2433 3737; ●●●**). In der Saison haben sie alle ab mittags durchgehend geöffnet..

Das römische Theater von Kourion

*Kolossi 14

Die Johanniter-Burg war seit dem 14. Jh. Mittelpunkt einer überaus rentablen Agrarfabrik, die den europäischen Markt mit Zucker und dem Dessertwein Commandaria belieferte. Bevor die Johanniter sich auf Rhodos niederließen, war Kolossi von 1291–1310 kurzzeitig Hauptsitz des Ordens, danach Zentrale der zyprischen Besitzungen.

Sein heutiges Aussehen bekam der wehrhafte Wohnturm im 15. Jh., als die Ordensritter sich gegen die drohenden Angriffe der Mamelucken und Osmanen wappneten. Nebenan steht noch die wassergetriebene Zuckerrohrmühle. In der Halle mit dem charakteristischen Tonnendach wurde wahrscheinlich der Zuckersaft gekocht und in konische Tongefäße gegossen, in denen sich die Zuckerkristalle zu einer Masse verfestigten – dem heute noch bekannten Zuckerhut (tgl. 9–17, Juni–Aug. bis 19.30 Uhr).

Erimi 15

Im Ort an der Landstraße zwischen Kolossi und Espiskopi widmet sich das **Cyprus Wine Museum** dem Weinbau und der Weinkultur auf Zypern. Derart auf den Geschmack gebracht kann, man anschließend im rustikalen Museumsladen auch eine große Auswahl an Weinen kosten und kaufen (tgl. 10–17 Uhr).

*Kourion 16

Auf einer Klippe erwarten die Ruinen von Kourion die vielen Besucher vor dem Hintergrund der bezaubernden Küstenlandschaft. Es bietet sich an, den Rundgang mit einem Bad zu verbinden: Unterhalb der Ausgrabung liegt eine lang gezogene, **von Klippen eingerahmte Badebucht mit graubraunem Sandstrand.** Ihre Blütezeit erlebte die von achäischen Kolonisten gegründete Stadt unter den Ptolemäern und Römern. Nach wiederholten Überfällen wurde Kourion im

Karte Seite 46

7. Jh. verlassen– heute ist es die nach den Mosaiken von Paphos attraktivste Ausgrabung im griechischen Teil Zyperns (tgl. 8–17, Juni–Aug. bis 19.30 Uhr)

2 Römisches Theater

Das Theater, in dem einst 3500 Zuschauer Platz fanden, wurde restauriert und ist Schauplatz von antiken und neuzeitlichen Dramen. Über die Jahrhunderte wurde die hellenistische Anlage wiederholt den Erfordernissen der Zeit angepasst. Anfang des 3. Jhs. brach man neue Zugangswege durch die Tribüne, entfernte die beiden unteren Sitzreihen und schirmte die Orchestra, die Vorbühne, mit einem Gitter ab: Danach konnten auch hier Schaukämpfe von Gladiatoren und wilden Tieren stattfinden. Hundert Jahre später wurden an der Stelle der Eisenstreben wieder Sitzreihen eingebaut. Im Juli/Aug. ist das Theater Spielstätte des »International Ancient Greek Drama Festival«, im Juni werden Shakespeare-Aufführungen geboten.

Villa des Eustolios

Die an das Theater angrenzende Villa begrüßt Besucher mit einem zeitlosen Spruch, der als »Tritt ein, bring Glück herein« zu übersetzen ist. Bauherr Eustolios errichtete sein mit prächtigen Bodenmosaiken geschmücktes Peristylhaus zu Beginn der christlichen Ära. Ganz sicher war er sich im neuen Glauben aber wohl nicht, denn einer Inschrift wird Apollon erwähnt.

Die Mosaiken der Eustolios-Thermen stellen neben Vögeln, Fischen und einem Rebhuhn auch die Baukunst dar: Ktisis, das Symbol der Schöpfung, erscheint in Gestalt einer jungen Frau, die einen Maßstab von der Länge eines römischen Fußes hält.

Basilika

Die frühchristliche Basilika und der angrenzende Bischofspalast liegen am Nordwestende des Grabungsgeländes. Die um 400 unter Verwendung von Steinen aus älteren Gebäuden errichtete Kirche muss von verschwenderischer Pracht gewesen sein. An die drei Schiffe lehnten sich beideseits Längshallen an, aus denen die noch Ungetauften die Messe beobachten durften. Wer seine Vorbereitungszeit abgeschlossen hatte, der wurde im kreuzförmigen Becken des Baptisteriums getauft.

Römisches Forum

Zwischen Basilika und Straße erstreckt sich das römische Forum mit Resten öffentlicher Gebäude und den Thermen. An das Forum schließen sich eine Reihe von Villen mit Bodenmosaiken und ein antikes Stadion an.

Heiligtum des Apollo Hylates

Anders als der seinerzeit weltbekannte Aphrodite-Tempel in Alt-Paphos hatte das Heiligtum nur regionale Bedeutung. Es liegt an der Hauptstraße hinter dem antiken Stadion. Apollon wurde hier seit dem 5. Jh. v.Chr. als Beschützer des Waldes und der Tiere verehrt. 365 n.Chr. zerstörte das große Erdbeben den Tempel. Der älteste und interessanteste Teil der Kultstätte ist das Baumheiligtum. In ein rundes Felsplateau von ca. 18 m Durchmesser sind sieben Löcher geschlagen, in denen heilige Bäume wuchsen. Drumherum führt ein gepflasterter Prozessionsweg, auf dem die Priester Rituale abhielten.

Für die Archäologen besonders aufschlussreich waren die Abfallgruben: Die Analyse von Aschenresten zeigte, dass als Tieropfer vor allem Lämmer dargebracht wurden. In einer Grube versenkten die Priester regelmäßig die Votivgaben der Pilger, für die es im Tempel keinen Platz gab: Tonfigürchen von Tieren oder betenden Menschen (tgl. 9–17, im Sommer bis 19.30 Uhr).

Restaurant

Taberna Agios Ermogenis
Unterhalb der Ruinen lädt ein Kiesstrand mit mehreren schlichten Tavernen zur Rast. In der Taberna Agios Ermogenis im Eukalyptushain vor dem Eingang der Ausgrabung zerschlagen die Einheimischen spät abends bei guter Stimmung auch mal die Teller. ●

Pissouri 17

Der Ort auf halber Strecke zwischen Limassol und Paphos bietet sich für eine Rast an. Mittelpunkt des auf einem Plateau 200 m hoch zwischen Küstenstraße und Meer angelegten Ortes ist ein mächtiger Gummibaum, in dessen Schatten es sich gut dem Müßiggang hingeben lässt. Zum Ufer, wo sich an einer Badebucht ein Hotel samt Apartments etabliert hat, geht man z Fuß etwa eine Stunde.

Hotels

■ **Columbia Beach Resort**
An der Bucht
Tel. 2583 3000
www.columbia-hotels.com
Wellness-Oase im Stil eines mediterranen Bergdorfs mit gut ausgebautem Wellness-Bereich, viel Wassersport und einem Fahrradverleih. Viele deuschtsprachige Gäste. ●●●

■ **Bunch of Grapes Inn**
Im Dorf Pissouri
Tel. 2522 1275
Fax 2522 2510
Neun einfache Zimmer gruppieren sich um einen schattigen Innenhof mit Weinlauben. Kein TV! ●

Restaurant

Limanaki
An der Bucht
Tel. 2521 1288
Tgl. mittags und abends geöffnet.
Intimer Gourmettreff, den man im Schatten der großen Strandtavernen allzu leicht übersieht. ●●●

Nightlife

Im Sommer wird der Dorfplatz jeden Mittwochabend zur Bühne eines »zyprischen Abends« mit einheimischen Tänzern und Folkloremusik.

Anogyra 18

Das gepflegte Bergdorf scheint wie gemacht für Fotografen. Gleich am Eingang steht die Rui-

Handarbeit in Omodos, einem der schönsten Dörfern Zyperns

ne des Klosters Timios Stravos mit der noch intakten mittelalterlichen Kirche. Das kleine Heimatmuseum gegenüber der Dorfmoschee hat so gut wie nie geöffnet. Über die Johannisbroternte und -verarbeitung informiert der Showroom von Mavros Chrysos, einem kleinen Betrieb, der das »schwarze Gold« zu Süßigkeiten verarbeitet. Oberhalb des Dorfs kann man **in der Ölmühle Oleastro köstliches Olivenöl** erstehen und im Winter sogar bei der Produktion zuschauen.

*Omodos 19

Weißgestrichene Häuschen mit blauen Türen, Weinlauben und gepflegter Blumenschmuck erinnern an die Kykladen. Auf blitzblanken Gassen stricken alte Frauen im Schatten von Maulbeerbäumen, schläfrige Katzen räkeln sich auf den Fenstersimsen. An den Hängen dieses Weinorts wird sogar Riesling angebaut.

Wer sich für Geologie interessiert, dem sei die gut zweistündige Wanderung von Omodos nach Kato Platres empfohlen. Unvermutet enden die Rebflächen mit der Talenge über dem Dorf, denn der helle Kalkstein, auf dem der Wein vorzüglich gedeiht, geht abrupt in bräunlich-grauen Lavatuff über. Diesen löst vulkanische Diabase (Grünstein) ab.

Im Nachbartal findet sich am Rand des Dörfchens **Vouni** ein ungewöhnlicher Tierpark: **Alte und ausgesetzte Esel bekommen dort ihr Gnadenbrot** › S. 18.

Echt gut!

Louvaras 20

Mitten auf dem Dorfplatz steht die Scheunendachkirche ***Agios Mamas.** Den Schlüssel zu ihr erhält man beim Pfarrer.

Wegen der Serien von Wandbildern aus der Hand des Renaissance-Malers Philip Goul soll sie demnächst in die UNESCO-Liste des Weltkulturerbes aufgenommen werden. Besonders eindrucksvoll sind die Heil- und Wunderszenen auf der Südwand des Einraumgotteshauses.

Der Westen

Nicht verpassen

- Ein Meze-Mahl in einer Taverne direkt am Strand
- Baden in den natürlichen Felsenpools der Adonis-Bäder, das Schönheit und Liebeskraft verheißt
- Wandern auf der menschenleeren Halbinsel Akamas – Natur pur!
- Die Mosaiken von Paphos, die phantastische Geschichten erzählen
- Die schrille und schräge Kunst an der Dorfstraße von Lempa

Zur Orientierung

Man wundert sich, warum der Fremdenverkehr Zyperns damals noch unterentwickelten Westen erst in den 1980er-Jahren entdeckte. Steht doch Paphos mitten in einer der interessantesten archäologischen Stätten Zyperns. Und kann in der Umgebung mit auch mit viel Natur aufwarten. Sogar entlang der meist felsigen Küste findet sich zwischen den Hotelgrundstücken noch manches freie Feldstück.

Inzwischen hat der Westen seinen eigenen Flughafen, der die Anreise von Europa um ein gutes Stück verkürzt. Die späte Entdeckung ersparte ihm manche Fehlentwicklung und Bausünde. Polis, die von deutschen Urlaubern bevorzugte zweite Stadt der Region, wirkt beinahe noch wie ein Dorf, das abends die Bürgersteige hochklappt. Wie in Griechenland verdienen sich manche Einheimische mit dem Vermieten von Fremdenzimmern ein Zubrot.

Der Kampf der Umweltschützer hat die Halbinsel Akamas, ein beliebtes Ziel von Naturfreunden, bisher wenigstens teilweise vor dem Zugriff der Hotelkonzerne und Feriendorfbauherren bewahrt. So bleiben die am Lara-Strand brütenden Meeresschildkröten weiterhin ungestört. Für Wanderer lohnen sich die Tagestour durch die Avgas-Schlucht und die halbtägigen Naturlehrpfade bei den »Bädern der Aphrodite«, auf denen man im Frühjahr manch seltene Orchideen finden und bewundern kann.

Das im Westen besonders milde Klima lässt in der Küstenebene bei künstlicher Bewässerung sogar Bananen reifen. Im hügeligen Hinterland gedeihen zwischen den Oliven- und Johannisbrothainen zuckersüße Weintrauben, aus denen örtliche Kellereien köstliche Weine gewinnen. Noch weiter oben weiden scheue Wildschafe im Schatten mächtiger Zedern in einem unerwartet ausgedehnten und einsamen Forst mit nur wenigen Straßen und ohne Siedlungen.

Touren in der Region

Zyperns wilder Westen

(7) Paphos › Lempa › Coral Bay › Agios Georgios › Polis › Paphos

Dauer: 1 Tag, 80 km
Praktische Hinweise: Die Tour unternimmt man am bequemsten mit dem Mietwagen. Wer die Steigungen nicht scheut, der kann sich aber auch mit dem Fahrrad auf den Weg machen. Entlang der B7 müssen Sie die nächsten Jahre mit Behinderungen durch den Bau der Autobahn Paphos-Polis rechnen.

Diese Fahrt führt Sie durch abwechslungsreiche Landschaft an die Nordküste in den Ferienort Polis. Verlassen Sie Paphos auf der Küstenstraße vorbei an den ***Königsgräbern** › S. 76. Am Strand von Chlorakas erinnern neben dem St. George Hotel ein Denkmal und ein Bootsmuseum an den zyperngriechischen Nationalhelden Georgios Grivas, der hier am 10. November 1954 landete und den blutigen Aufstand gegen die britische Kolonialmacht begann. Die nächste Abfahrt auf der Landseite führt hinauf ins Künstlerdorf **Lempa** › S. 81. In **Coral Bay** › S. 81 verführt eine beliebte Sandbucht mit azurblauem Wasser zum Badestop. **Agios Georgios** › S. 81 wartet mit dem Bodenmosaik einer frühchristlichen Basilika und Schlangen-Georgs Reptilienpark auf. Über Pegeia und die aussichtsreiche Hochfläche **Laona** › S. 82 erreichen Sie schließlich **Polis** › S. 84. Für den Rückweg bietet sich die schnellere, landschaftlich aber weniger schöne Straße B7 an.

Neue und alte Heiligtümer

8 Paphos › Agios Neofytos › Pano Panagia › Kouklia › Petra tou Romiou › Geroskipou › Paphos

Dauer: 1–2 Tage, 120 km
Praktische Hinweise: Für diese Fahrt benötigen Sie einen Mietwagen. Sie übernachten am besten in Kouklia.

Erste Station ist das Kloster ***Agios Neofytos** › S. 83. Aus **Pano Panagia** › S. 83 stammte Zyperns Staatsgründer, Erzbischof Makarios. Das von Kirsch- und Apfelbäumen umgebene **Kloster Chryssorogiatissa** › S. 84 besitzt neben einer, so die Überlieferung, vom Apostel Lukas gemalten Ikone auch einen hervorragenden Weinkeller. Im zweiten Abschnitt der Rundfahrt besuchen Sie Stätten des Aphrodite-Kults: Das Heiligtum in ***Kouklia** (Alt-Paphos) › S. 79 wurde einst in einem Atemzug mit Delphi und Olympia genannt. Am **Petra tou Romiou**, › S. 80 dem Fels der Griechen, soll die Göttin geboren worden sein. In **Geroskipou** › S. 78 gibt es in der Dorfkirche ***Agia Paraskevi** seltende Wandmalereien aus der Zeit des Bilderstreits zu sehen.

Akamas und das Bad der Aphrodite

9 Polis › Loutra tis Aphroditis › Aphrodite-Trail › Polis

Dauer: Halber Tag, 30 km
Praktische Hinweise: Diese Tour ist ideal für Radler, kann aber auch mit dem Auto gemacht werden. Sie beinhaltet zudem eine etwa 2,5-stündige Wanderung.

Von **Polis** › S. 84 führt die Straße über den Fischer- und Ferienort Latsi zum Landgut Potamos und endet dort auf dem Parkplatz vor einem großen Restaurant. Von da aus geht es nur noch zu Fuß weiter. Bereits nach wenigen Minuten erreicht der Pfad die in einem grünen Hain versteckten ***Loutra tis Aphroditis** (Bad der Aphrodite) › S. 85, in dem sich der Überlieferung nach die Göttin von ihrem Geliebten Akamas verwöhnen ließ. Eine der schönsten Rundwanderungen, die Zypern zu bieten hat, bringt Sie auf dem von der Forstverwaltung angelegten ***Aphrodite-Trail** › S. 85 über den Rastplatz Pyrgos tis Rigainas hinauf auf den Berg Moutti tis Sotiras mit seinem Panorama über die einsame Akamas-Halbinsel und die weit geschwungene Chrysochou-Bucht. Auf der Rückfahrt laden die Tavernen in Latsi ein.

Durch den Paphos-Wald

(10) Polis › Pachyammos › Zederntal › Stavros tis Psokas › Lysos › Polis

Dauer: 1–2 Tage, 100 km
Praktische Hinweise: Am besten werfen Sie vor dem Start dieser Mietwagentour einen Blick auf die Tankuhr. Denn Sie werden die meiste Zeit durch einen menschenleeren Bergwald fahren, in dem es weder ein Dorf noch eine Tankstelle gibt. Beim Halt im Zederntal beobachten Sie die Mufflons!

(7)
Zyperns wilder Westen
Paphos › Lempa › Coral Bay › Agios Georgios › Polis › Paphos

(8)
Neue und alte Heiligtümer Paphos › Agios Neofytos › Pano Panagia › Kouklia › Petra tou Romiou › Geroskipou › Paphos

(9)
Akamas und das Bad der Aphrodite Polis › Loutra tis Aphroditis › Aphrodite-Trail › Polis

(10)
Durch den Paphos-Wald Polisc › Pachyammos › Zederntal › Stavros tis Psokas › Lysos › Polis

Folgen Sie von **Polis** › S. 84 der gut ausgebauten Küstenstraße E704 Richtung Nordosten. Nach dem Wallfahrtsort Pachyammos mit seiner neuen Pilgerkirche blockiert die türkische Enklave Erenköy die Küstenroute. Abrupt schwenkt die Straße jetzt landeinwärts und schlängelt sich hoch in den Paphos-Wald. Im Sommer treffen sie dort vielleicht Köhler bei ihrem rußigen Handwerk. Im **Zederntal** › S. 85 wachsen die letzten Exemplare der windzerzausten Troodoszedern. In einem Gehege bei der Forststation **Stavros tis Psokas** › S. 85 können Sie die sonst extrem scheuen Mufflons beobachten. Auf dem Rückweg lädt das Dorfhotel von Lysos zum Essen auf seiner Aussichtsterrasse ein.

Unterwegs im Westen Zyperns

Paphos 1

Was der kleinsten Bezirksstadt (40 000 Einw.) des griechischen Landesteils an natürlichen Stränden fehlt, das macht sie mit ihrem Kulturerbe wett. Auf Schritt und Tritt stolpert man über antike und mittelalterliche Ruinen, jede Baugrube bringt neue Überraschungen zutage. Zwischen vielen Sehenswürdigkeiten, Unterkünften, zahlreichen Souvenirgeschäften und Kneipen bleibt noch Platz für einfache Häuser der Einheimischen und sogar die eine oder andere Brachfläche.

Der hübsche Fischerhafen mit der osmanischen Burg sucht seinesgleichen, und wenige Gassen landeinwärts von der verkehrsberuhigten Uferpromenade pulsiert das Nachtleben bis in den frühen Morgen. Die meisten Hotels stehen in bester Lage am Meer, lassen aber Platz für einen **Uferpfad,** auf dem man entlang der Westküste **weit über die Stadtgrenzen hinaus spazieren, skaten, joggen oder walken** kann.

Dabei ist Paphos deutlich zweigeteilt. Anders als die auf Urlauber ausgerichtete Unterstadt Kato Paphos hat sich die 3 km vom Meer auf einem Plateau angelegte Oberstadt Ktima mit einfachen Tavernen und Läden des täglichen Bedarfs ländliches Flair bewahrt. Am Stadtpark mutet das klassizistische Ensemble aus Gymnasium, Bibliothek und Rathaus – wohl noch aus der Kolonialzeit – wie der vergebliche Versuch an, aus Paphos eine Stadt zu machen.

Nea Paphos (Neu-Paphos), wie der Ort im Unterschied zum 20 km südöstlich gelegenen Aphrodite-Heiligtum von Palaia Paphos (Alt-Paphos) heißt, ist trotz seines Namens eine uralte Stadt. Archäologen vermuten, dass Nikokles, der letzte Priesterkönig von Alt-Paphos, um 320 v.Chr. Neu-Paphos anlegen ließ.

Der Niedergang von Paphos setzte in der Spätantike ein, doch war die Stadt selbst unter den Kreuzrittern und Venezianern noch bedeutend genug, um Sitz eines katholischen Bischofs zu sein. Francesco Contarini, der letzte Bischof, wurde bei der Eroberung Nikosias 1570 von den Osmanen umgebracht.

Kastell Ⓐ

Das 1592 von den Türken errichtete Kastell beschützt den Fischerhafen. Daneben blieb von einer älteren Festung nur ein Steinhaufen übrig. Sie war 1570 von den Venezianern gesprengt worden, denen es an Truppen fehlte, um eine ständige Wachmannschaft unterhalten zu können (tgl. 10–17 Uhr, im Sommer bis 19.30 Uhr).

3 Archäologischer Park Ⓑ

Nordwestlich des Hafens lag das Zentrum der römischen Stadt mit Verwaltungsbauten und großzügigen Villen. Erst 1962 entdeckte ein Bauer beim Pflügen zufällig ein antikes Bodenmosaik. Inzwischen haben die Archäologen in der Nachbarschaft noch weitere Mosaikbilder freigelegt, die zu den wichtigsten und gleichzeitig schönsten Sehenswürdigkeiten Zyperns gehören. Auch wer sich von Ruinen sonst wenig angesprochen fühlt, sollte sich diese lebensvollen Szenen nicht entgehen lassen (tgl. 8–17 Uhr, Juni bis Aug. bis 19.30 Uhr).

In den Mosaikbildern des ****Haus des Dionysos** Ⓒ steht

Hafenszene in Paphos

auffallend oft der Weingott Dionysos im Mittelpunkt, nach dem die Ausgräber die Atriumvilla dann auch benannten. Ein anderes ausgesprochen beliebtes Thema der Darstellungen in den Bildfeldern sind mehr oder minder glückliche Liebschaften aus der-

Weltkulturerbe

Die Mosaiken sind vermutlich im 3. und 4. Jh. in Werkstätten in Alexandria entworfen und vorbereitet worden. Danach wurden sie mit dem Schiff nach Paphos gebracht und dort aus Tausenden winziger bunter Steinchen zusammengesetzt. Die Abbildungen sind von so außergewöhnlicher Perfektion, dass sie von der UNESCO als Weltkulturerbe eingestuft werden.

Die Agia Kyriaki im Ortszentrum stammt aus dem 13. Jahrhundert

Mythologie: Pyramus und Thisbe, Zeus und Ganymed, Narziss mit seinem Spiegelbild und andere Paare. Jagdszenen und geometrische Zeichen runden das Bildprogramm ab.

Neben dem Haus des Dionysos haben polnische Archäologen das ***Haus des Theseus** D freigelegt, in dem vermutlich der römische Statthalter residierte. Das Mosaik von der Geburt und Waschung des Achill steht bereits unter christlichem Einfluss. Das runde Bildfeld in der Mitte zeigt den strahlenden Held Theseus als Sieger über den ihm zu Füßen liegenden Minotaurus. Unten symbolisiert ein Mann den Schauplatz des Kampfes, das Labyrinth, das als geometrisches Muster auch in der Umrandung auftaucht, und oben ermöglicht Ariadne ihrem Geliebten Theseus durch den Wollfaden die Rückkehr aus dem Labyrinth.

Die drei Mosaikfelder im **Haus des Orpheus** E gleich neben dem Haus des Theseus stehen stilistisch den Mosaiken der Dionysos-Villa nahe. Hier ist unter anderem Orpheus dargestellt, der mit seiner Musik die wilden Tiere bezaubert.

Die Mosaiken im benachbarten **Haus des Aion** F werden auf die Zeit nach 342 datiert und haben Geburt, Jugend und Triumphzug des Dionysos zum Thema. Vom Sujet her stehen sie zwar in der antiken Tradition, doch sind die Parallelen zur Lebensgeschichte Jesu nicht zu übersehen.

Die Festung **Saranta Kolones** (Burg der 40 Säulen) G wurde von den Byzantinern aus den Resten antiker Bauten errichtet. Das Fort wurde 1222 durch ein Erdbeben zerstört.

Im **Odeon** H können heute mehr als 1000 Gäste Freiluftdarbietungen von Konzerten und Theaterstücken genießen. Die Hälfte der 25 im 2. Jh. am Hang der Akropolis angelegten Sitzreihen wurden restauriert. Auf das

Dach, das die ehemaligen Zuschauer vor Sommersonne und Winterregen schützte, muss das heutige Publikum verzichten.

Nordöstlich des Leuchtturms können Besucher auf der Krone der Stadtmauer spazieren gehen. Vom **Stadttor** Ⓘ führt eine Felsrampe an den Strand hinunter.

Agia Kyriaki Ⓚ

Die schlichte Kreuzkuppelkirche Agia Kyriaki oder Agia Chrysopolitissa, wie sie auch genannt wird, steht inmitten der Überreste einer 50 x 38 m großen fünfschiffigen Basilika. Diese war bei Ankunft der Kreuzritter offenbar schon zerstört, denn die Lateiner

Grotte der Heiligen Solomoni Ⓙ

Eine mächtige Terebinthe (ein Pistazienbaum) überschattet die Treppe zur Grotte. Die Heilige Solomoni war im Jahr 168 aus Palästina nach Zypern geflohen und hatte sich in dieser hellenistischen Grabkammer niedergelassen.

Eine Quelle auf dem Grund der Höhle soll Augenleiden lindern.

- Ⓐ Kastell
- Ⓑ Archäologischer Park
- Ⓒ Haus des Dionysos
- Ⓓ Haus des Theseus
- Ⓔ Haus des Orpheus
- Ⓕ Haus des Aion
- Ⓖ Saranta Kolones
- Ⓗ Odeon
- Ⓘ Stadttor
- Ⓙ Grotte der Hl. Solomoni
- Ⓚ Agia Kyriaki
- Ⓛ Fabrika-Hügel
- Ⓜ Königsgräber
- Ⓝ Volkskundliches Museum
- Ⓞ Byzantinisches Museum
- Ⓟ Archäologisches Museum

Adelsfriedhof: die Königsgräber

errichteten gleich nebenan ein neues gotisches Gotteshaus.
Der Ort war wegen der **Paulus-Säule** für die Christen beider Konfessionen besonders wichtig. Nach der örtlichen Überlieferung wurde der Apostel Paulus während seiner ersten Missionsreise von den Juden festgenommen und an eben dieser Säule ausgepeitscht. Die Apostelgeschichte in der Bibel weiß davon allerdings nichts, sondern erzählt (13, 4–12) nur, dass Paulus in Paphos einen Zauberer blendete und mit diesem Wunder den römischen Prokonsul Sergius Paulus bekehrte. Nördlich der Säule befinden sich die Fränkischen Bäder, das alte Badehaus der Stadt.

Fabrika-Hügel L

In die Felsen des Fabrika-Hügels wurden viele Gräber und unterirdische Kammern geschlagen. Im Mittelalter waren dort Baumwollspinnereien eingerichtet. Für Paare von Interesse ist vielleicht **Agios Agapetikos**, die Felskapelle der Verliebten an der Ostflanke des Hügels. Um den **Digenis-Felsen** an der Nordostseite des Fabrika-Hügels rankt sich eine bildreiche Legende.

*Königsgräber M

Zu den etwas abseits gelegenen Königsgräbern fährt man am besten mit dem Stadtbus. Nicht Könige, aber doch die Mitglieder der ptolemäischen und römischen Oberschicht wurden in den aufwendigen, aus dem Felsgrund gearbeiteten Grabhäusern bestattet. Mit ihren von dorischen Säulen umgebenen Innenhöfen imitieren einige Gräber die Villen der Lebenden, dazwischen finden sich aber auch bescheidenere Katakomben und schlichte Schachtgräber.

Museen in der Oberstadt

Sein **Volkskundliches Museum** N verdankt Paphos dem verstorbenen Professor Georgios Elliades und seiner Frau, die vor allem Kunsthandwerk und Gegenstände aus dem Alltag der Bauern sammelten und diesen Schatz in ihrem Haus der Öffentlichkeit zugänglich machen. Sehenswert ist die in einem antiken Felsengrab eingerichtete Hauskapelle (Mo–Sa 10–18 Uhr, So 10–14 Uhr).
Das **Byzantinische Museum** O zeigt Ikonen vom 12–18. Jh. sowie liturgische Geräte und kunstvoll bestickte Messgewänder (Mo–Fr 9–16 Uhr, Sa 9–13 Uhr).
Die Objekte des **Archäologischen Museums** P reichen, chronologisch geordnet, von jungsteinzeit-

lichen Grabbeigaben aus Lempa bis zu einem Renaissance-Baldachin Ungewöhnlich ist ein männlichen Körperformen angepasster Satz tönerner Wärmflaschen, vielleicht eine Maßanfertigung für die Rheumabehandlung eines reichen Römers. Die Sammlung wächst ständig um neue Stücke, die z.B. bei Bauarbeiten freigelegt werden (Mo–Fr 8–15, Do bis 17 Uhr, Sa 9–15 Uhr).

Info

Cyprus Tourism Organisation (CTO)
3 Gladstone (Ktima) und 63 Poseidon Ave. (Kato Paphos)
Tel. 2693 2841
Mo–Sa vormittags, Mo, Di, Do, und Fr auch nachmittags. Eine Zweigstelle befindet sich am Flughafen.

Verkehrsmittel

Flughafen: 7 km östlich der Stadt, keine Busverbindung.
Bus: Alepa, Tel. 9962 5027, vom Busbahnhof Karavella in Ktima nach Limassol, Nikosia sund Polis. Der Stadtbus 11 fährt nach Kato Paphos und zum Strandbad Geroskipou; Linie 4 zum Kloster Neofytos, Linie 1 nach Geroskipou. Linie 10 u. 15 zu den Hotels an der Westküste bis zur Coral Bay.
Servicetaxi: Travel Express, Tel. 7777 7474.

Hotels

■ **Riu Cypria Resort**
Poseidon Ave.
Tel. 2696 4111
www.riuhotels.com
Umfassend renoviertes 4-Sterne-Haus mit komfortablen Zimmern, Bungalows im Garten. ●●●

■ **Roman**
Agios Lamprianou
Tel. 2624 5411
www.romanhotel.com.cy
Wohnen als Erlebnis. Die ungewöhnliche Innengestaltung mit großflächigen Wandmalereien orientiert sich an der römischen Antike. ●●

■ **Axiothea**
Ivi Mallioti St.
Tel. 2623 2866
www.axiotheahotel.com
Familiär geführtes Haus für Individualreisende, zentral doch ruhig gelegen. Zimmer mit schöner Aussicht ●

Restaurants

■ **Nikos Tyrimos**
Agapinor St., bei der Basilika
Tel. 2694 2846
Kein Ruhetag.
Volkstümliche Fischtaverne.
Aus dem wechselnden Angebot wählt man direkt in der Küche aus. Preise nach Gewicht. ●●

■ **Seven St. Georges**
Anthypolochagou Georgiou Savva
Tel. 9965 5824
Nur abends geöffnet, Mo Ruhetag
Ein kochender Philosoph überrascht hier in urigem Tavernenambiente mit handwerklich perfekter Regionalküche. Es gibt, was gerade geerntet oder geschlachtet wurde. Der Gast kann essen, bis er satt ist. ●

Shopping

Das Handicraft Centre, **Leoforos Apostolou Pavlou 66,** verkauft unter staatlicher Aufsicht Handwerksprodukte aus der Region wie geflochtene Bastteller oder dekorierte Flaschenkürbisse (Mo–Sa 8–13, 16–19 Uhr, Mi und Sa nur vormittags).

Die Kirche Agia Paraskevi

Strände

Empfehlenswert zum Baden in Paphos ist das **Strandbad Geroskipou** am Ende der Uferpromenade.
Mit dem Badebus zu erreichen sind Echt gut! Sand- und Kiesstrände wie etwa die schöne Coral Bay › S. 81, sie liegen außerhalb an der Westküste.

Geroskipou

An der Straße nach Limassol ist Geroskipou beinahe noch ein Vorort von Paphos. Der Dorfname bedeutet »Heiliger Hain« – hier dürften die Pilger auf ihrem Weg vom Hafen Paphos zum Aphrodite-Heiligtum gerastet haben. Von dieser Idylle blieb dem unter dem Durchgangsverkehr leidenden Dorf kaum etwas erhalten.

An der Platia steht eine der ältesten Kirchen Zyperns, die ***Agia Paraskevi.** Ihr Grundriss entspricht einem Kreuz, fünf Kuppeln bilden das Dach. Bei Restaurierungsarbeiten im Innenraum wurden unter Fresken des 12. und 15. Jhs. auch Wandmalereien entdeckt, wie sie während des Bilderstreits (728–843) üblich waren. Demnach wurde die Kirche spätestens im 9. Jh. erbaut. Ungewöhnlich ist die Platzierung der Gottesmutter in der Zentralkuppel, denn an dieser Stelle sieht der Kanon der byzantinischen Kirchenmalerei Christus Pantokrator vor (Mo–Sa 8–13, 14–16 Uhr; im Sommer bis 17 Uhr).

In der Nähe befindet sich ein **Volkskunstmuseum.** Das 200 Jahre alte Haus des Konsularagenten Hadji Smith Zymboulakis zählt zu den Echt gut! **schönsten Beispielen ursprünglich traditioneller Dorfarchitektur.** Der Besucher sieht nicht nur die üblichen Bauernmöbel und geschnitzten Truhen, die Kleidungsstücke und Haushaltsgeräte früherer Generationen, sondern lernt anhand von Werkstätten und einer auch deutsch verfassten Beschreibung die Kunst der Seiden- und Baumwollspinnerei und die Leinenherstellung kennen (tgl. April–Okt. 9–17 Uhr, Nov.–März 8–16 Uhr).

*Kouklia (Alt-Paphos) 2

Am Rand des Dörfchens Kouklia stehen die spärlichen Reste von Zyperns bedeutendstem **Aphrodite-Heiligtum.** Von den ältesten, noch aus der Bronzezeit stammenden Bauteilen beeindruckt in der Südwestecke eine Zyklopenmauer, deren Steine von Bauern und Glücksrittern auf der Suche nach dem mythischen Schatz der Göttin vielfach durchlöchert wurden. In Gestalt eines konischen, schwarzen Steins, der im Museum ausgestellt ist, verehrten die Gläubigen in Alt-Paphos schon im 2. vorchristlichen Jahrtausend eine Muttergottheit, die später mit der babylonisch-phönizischen Ischtar und schließlich mit Aphrodite verschmolz (tgl. 9–16 Uhr).

Über die geheimnisvollen Zeremonien (Aphrodisien), mit denen die Pilger den Segen der Göttin beschworen, ist nur wenig bekannt. Die Beteiligten hatten absolutes Stillschweigen zu wahren, und so bleibt vieles der Fantasie überlassen. Bei der Kultfeier wiederholten Oberpriesterin und Oberpriester die mythische Vereinigung der Aphrodite mit Kinyras, dem Gründer des Heiligtums. Gleichzeitig widmeten sich die Priesterinnen den Pilgern. Herodot zieht Parallelen zur babylonischen Tempelprostitution. Nach anderen Berichten musste sich jede Paphiotin nach Aphrodites Gebot vor ihrer Hochzeit in den Tempel begeben und sich hier von einem Pilger entjungfern lassen. Unabhängig von ihrem Wahrheitsgehalt waren die erotischen Geschichten für die (männlichen) Pilger sicherlich ein Anreiz, die Reise zum Aphrodite-Heiligtum von Paphos zu unternehmen.

Der Riese und die Königin

Digenis, mit dem zypriotische Eltern gern ihren ungehorsamen Sprösslingen drohen, ist ein Riese von ungeheurer Körperkraft. Er ist durchaus gutmütig, aber nicht mit sonderlich viel Verstand gesegnet – eine Art zyprischer Rübezahl. Er begegnet uns als Kämpfer gegen die Sarazenen, die er mit Felsbrocken ins Meer treibt oder erschlägt. Als Digenis sich einmal auf den Boden stützte, schuf der Abdruck seiner Hand das Beşparmak-(Fünffinger-)Gebirge.

Dort lebt die kluge und listenreiche Königin Regina (griechisch *Rigena*) in ihren prächtigen Gemächern tief im Fels unter den verfallenen Kreuzritterburgen und verwirrt mit ihrer atemberaubend schönen Erscheinung manchmal die Hirten. Wehe dem, der in ihre Schatzkammern einzudringen versucht! In Regina leben Aphrodite und die kleinasiatische Muttergöttin fort, von Maria hat sie den Heiligenschein.

Auch das Land um Paphos gehörte einst Regina, und der Fabrika-Hügel war ihr Palast. Als die Ebene von einer entsetzlichen Trockenheit heimgesucht wurde, bat sie Digenis, Wasser aus dem Gebirge herbeizubringen. Der gehorchte gerne und erhoffte sich dafür die Hand der schönen Königin. Doch Regina beließ es bei einem artigen Dank für die Arbeit des Riesen und entfloh seinen Nachstellungen durch einen unterirdischen Gang, der Fabrika mit dem Aphrodite-Heiligtum in Alt-Paphos verband. Voller Zorn schleuderte Digenis einen Stein, den heutigen Fabrika-Hügel, nach ihrem Palast. Regina warf eine Spindel zurück, die sich zugleich in eine Granitsäule wandelte.

Unterkunft

Aphrodite Hills Hotel
Aphrodite Avenue
Tel. 357 26 829000
www.ichotelsgroup.com
Große, aber attraktive Anlage mit 290 Zimmern, vier Restaurants sowie Golf- und Wellnessangeboten. ●●●

La Covokle 3

Wie Kolossi › S. 63 war das kleine Landgut Mittelpunkt einer Zuckerplantage. Über der langen Halle im Untergeschoss des Haupthauses wurde ein Museum eingerichtet, das nur wenige, aber ausgezeichnet präsentierte und erläuterte Objekte zeigt. Ins Auge fällt eine gewaltige, 2000 Jahre alte Badewanne ohne Abfluss. Ein Modell veranschaulicht den persischen Angriff auf Alt-Paphos im Jahre 498 v.Chr.: Die Perser schütteten vor dem Graben der Stadtmauer eine Rampe auf, von der herab sie die Verteidiger mit einer Steinschleuder (der ersten bekannten der Weltgeschichte) angreifen konnten. Die Paphioten versuchten, letztlich vergeblich, die Rampe zu unterminieren und die Belagerungsmaschine in Brand zu setzen (tgl. 9–16 Uhr).

Petra tou Romiou 4

Petra tou Romiou, auch bekannt als **Aphrodite-Felsen, ist die schönste Partie von Zyperns langer Küste.** Der strahlend weiße Kalk des Landes kontrastiert mit dem azurblauen Meer, und an den wie von Riesenhand im Wasser verstreuten Felsen zerbrechen die Wogen zu wild sprühender Gischt. Hier soll die schöne Aphrodite dem Schaum des Meers entstiegen sein und erstmals Zyperns Gestade betreten haben.

Die Schaumgeborene

Herodot weiß in seiner Lehre von der Abstammung der Götter eine dramatische Geschichte zu berichten: Dem Himmelsgott Uranos waren die Kinder, die er mit seiner Gattin, der Erdgöttin Gaia, zeugte, zutiefst verhasst. Kaum waren sie geboren, stieß er die jungen Titanen wieder in den Mutterleib zurück. Doch Gaia wußte sich zu wehren. Sie schuf eine Sichel mit scharfen Zähnen und gab sie dem Kronos, dem Mutigsten ihrer Söhne. Der wartete in einem Hinterhalt, bis der lüsterne Uranos wie jede Nacht zu Gaia herabstieg, und entmannte den Vater. Aus dessen Blut gebar Gaia die Erinnyen (Rachegöttinnen) und die Giganten. Das abgetrennte Geschlecht des Uranos aber schleuderte Kronos ins Meer. Weißer Schaum (aphros) trat aus, dem schließlich ein Mädchen entsprang: Aphrodite, die Schaumgeborene. Sie schwamm zuerst nach Kythera, fand an der kargen Insel aber wenig Gefallen und wandte sich Zypern zu. Der Liebesgott Eros und Himeros, sein Doppelgänger namens Sehnsucht, wurden ihre unzertrennlichen Begleiter.

Karte Seite 71

Lempa 5

Angezogen von der kreativen Atmosphäre einer Kunstschule haben sich in Lempa zahlreiche Maler, Bildhauer und Töpfer niedergelassen › S. 20. Unterhalb des Dorfs wurden die Rundhäuser einer 4500 Jahre alten Siedlung rekonstruiert (Eintritt frei).

Coral Bay 6

Die Feriensiedlung Coral Bay lockt Sonnenhungrige mit einem schönen Sandstrand. An der Spitze des Orts, der Halbinsel Maa, erinnert ein kleines Museum an die ersten griechischen Kolonisten auf Zypern (tgl. 8.30–17 Uhr, Sommer bis 18 Uhr).

Hotel

Thalassa Boutique Hotel & Spa
Coral Bay
Tel. 2688 1500
www.thalassa.com.cy
Das Hotel verbindet legeren Luxus mit Top-Service. Alle Zimmer mit Meerblick, im mediterranen Stil eingerichtet. Das ganzheitlich orientierte Spa arbeitet nur mit Naturprodukten. ●●●

Agios Georgios 7

Am Kap Drepano wacht die Wallfahrtskirche Agios Georgios am Rande der Steilküste über einen Fischerhafen mit kleinem Badestrand. Die Fundamente und Bodenmosaiken einer **Basilika** (Mo bis Sa 10–16 Uhr) beweisen, dass auf dem Plateau in der Spätantike eine bedeutende Stadt lag, über

Die Bäder der Aphrodite

deren Schicksal jedoch kaum etwas bekannt ist. Ihre Toten begruben die Bewohner in Felsengräbern neben der Treppe zum Kai.

Samstags kehrt Leben in den sonst stillen, aus drei Tavernen bestehenden Ort Agios Georgios ein. Dann wird in der Kirche getauft, was immer einen Anlass für ein Fest gibt. Unvermählten, denen noch der Partner oder die Partnerin fehlt, um ihren Kinderwunsch zu verwirklichen, hilft

in der byzantinischen Kapelle

Echt gut!

der Liebeszauber mit einer Kerze: dreimal den Namen des oder der Angebeteten aufsagen und dann das Wachslicht mit dem Docht nach unten wenden. Wenn es weiter leuchtet, winkt Liebesglück. Andernfalls kann man es ja nächste Woche erneut versuchen.

Hinter der Tankstelle von Agios Georgios hat der Österreicher Hans-Georg Wiedl einen **Reptilienzoo** angelegt. »Snake George«, wie er von den Zyprioten genannt

Echt gut!

wird, bemüht sich um **naturnahe Lebensbedingungen für die durchweg einheimischen Tiere.**

Nördlich von Agios Georgios säumt den Küstenfahrweg ein Strand, an dem die Karetta-Schildkröten ihre Eier ablegen. Man sollte hier zwischen Mai und August auf keinen Fall mit dem Wagen direkt ans Ufer fahren.

60 m hohe Felsen: Avgas-Schlucht

Shopping

Auf einem Markt werden samstags Geschenke und Votivgaben verkauft, Nachbildungen von Babys und Gliedmaßen aus Wachs, die die Gläubigen in der Kirche dem Heiligen stiften.

4 Die **Avgas-Schlucht 8

Eine der schönsten Wanderungen auf der Insel führt durch die Avgas-Schlucht. Nur um die Mittagszeit dringt die Sonne bis auf den Grund der steilen und sehr schmalen Klamm vor, wo der Weg streckenweise in der Mitte des aus den Felsen gespeisten flachen Bachs verläuft. Der schönste Abschnitt endet etwa eine halbe Stunde nach dem Parkplatz.

Laona

In der Region Laona bemühen sich die Dörfer rund um **Drouseia** 9 mit Unterstützung der EU um sanften Tourismus. Die Schule am Kirchplatz von **Kathikas** wurde zu einem Kulturzentrum umgebaut. Eine Broschüre des Fremdenverkehrsamts verzeichnet Bauernhäuser, die in Ferienwohnungen umgebaut wurden. Wer eine Wanderung nach Arodes im Sinn hat, sollte sich einer geführten Gruppe anschließen.

Hotel

Sappho Manor House
Drouseia
Tel. 9960 4010
www.agrotourism.com
Stilvoll, zentral und ruhig wohnt man in diesem renovierten Altbau. ●

Ausflug Bäder des Adonis 10

Von Kathikas aus lockt eine Fahrt südwärts zu den Bädern des Adonis: Über mehrere Wasserfälle und natürliche Becken bahnt sich der Mavrokolympos seinen Weg Richtung Meer. Ein Mühlenbesitzer hat die Chance genutzt und die **Wasserfälle zu einem Ausflugsziel mit Gartenwirtschaft** entwickelt. Wer in den Pools badet, dem wird Schönheit und Liebeskraft verheißen (Eintritt).

*Agios Neofytos 11

Es geht die Mär, dass dem reiselustigen Hl. Neofytos 1159 bei der Einschiffung nach Palästina noch in Paphos die Reisekasse gestohlen wurde. Unversehens arm wie eine Kirchenmaus, sah Neofytos seine Notlage als einen Wink des Herrn und wurde Einsiedler. Als Ort für seine Klause, in der er die nächsten 65 Jahre verbringen sollte, wählte er eine Quelle am Ausgang eines bewaldeten Tals. Ein Jahr lang war Neofytos damit beschäftigt, mit einfachen Werkzeugen in die Steilwand über dem heutigen Kloster eine Höhle zu schlagen. 1170 übernahm er auf Bitten des Bischofs von Paphos einige Schüler, zeigte sich aber bald vom Klosterbetrieb angewidert. Der Heilige baute weiter oben eine zweite Höhle, aus der er durch einen Schacht der Liturgie in der alten Grotte folgen konnte, ohne dabei seinen Mitbrüdern begegnen zu müssen.

Auf die verputzten Wände der Klause wurden noch zu Lebzeiten des Heiligen prächtige Malereien aufgetragen. Zwei Szenen zeigen Neofytos selbst. Einmal schwebt er mit gekreuzten Armen von Engeln getragen gen Himmel, in der anderen Darstellung kniet er zu Füßen des von Maria und Johannes flankierten Christus. In mönchisch-asketischer Tradition stehen die Fresken der verdrießlich dreinschauenden Heiligen auf der Westwand. Ganz anders die eleganten Figuren in der Apsis: Dort waren Maler aus dem Umfeld des Kaiserhofes in Konstantinopel am Werk. Die jüngsten Bilder wurden 1503 bei einer Renovierung aufgetragen und zeigen wiederum einen eher schlichten, volkstümlichen Stil. Das sehenswerte moderne **Klostermuseum** sollte man nicht versäumen (April–Okt. tgl. 9–12, 14–16 Uhr, im Winter tgl. 9–16 Uhr).

Pano Panagia 12

In dem staatlichen Winzerdorf wurde im August 1913 Zyperns Staatsgründer Erzbischof Makarios geboren. Sein ärmliches

Geburtshaus kann besichtigt werden, ebenso eine Gedenkstätte mit Fotos, Büchern und anderen Erinnerungsgegenständen (Di–So 10–13, 14–16 Uhr).

Etwas außerhalb steht seit dem 12. Jh. das **Kloster Chryssorrogiatissa** mit seiner wundertätigen Lukas-Ikone. Echt gut! Die **hervorragenden Weine aus der Klosterkellerei,** z.B. der trockene Weiße Agios Andronikos, gedeihen ganz offensichtlich mit göttlichem Segen.

*Polis 13

Der Ort (3500 Einw.) war lange ein Geheimtipp für jüngere Individualtouristen. Hier fehlen große Hotelanlagen, und Gäste haben die auf der Insel seltene Chance, in kleinen Pensionen und Privatzimmern zu wohnen.

Doch auch in Polis Chrysochou, der Stadt des goldenen Landes, wie sie amtlich heißt, wurden inzwischen Bungalowanlagen gebaut, der beschauliche Hauptplatz und die Dorfstraße zur Fußgängerzone aufpoliert, Segler vertäuen ihre Boote an der Marina. Kilometerweit zeiht sich der zumeist kiesige Strand nach Westen.

Bei Ausgrabungen gemachte Funde aus dem antiken Polis, dem einstigen Marion, zeigt das **Archäologische Museum** (Di–Fr 8–15, Do bis 17, Sa 9–15 Uhr).

Info

Cyprus Tourism Organisation (CTO)
Pl. Vasileos Stasisoikou
Tel. 2632 2468
Mo–Fr 8–16.30 Uhr

Bus

Nea Amoroza, Tel. 2632 1115, fährt Mo–Sa vom Platz vor der Tourist-Information nach Nikosia und Paphos.

Hotels

■ Natura Beach
Tel. 2632 3111
www.natura.com.cy
Das umweltbewusst geführte Hotel liegt etwas außerhalb ruhig am Strand. In der Saison geführteWanderungen und naturkundliche Vorträge. ●●

■ Bougainvillea
Tel. 2681 2250
www.bougainvillea.com.cy
Zentrum und Strand liegen ca. 5 Gehminuten entfernt. Familienfreundliche Apartments und Pool in einer gewachsenen Gartenanlage. ●

Restaurant

Archontariki
Leoforos Makariou
Tel. 2632 1328
www.archontariki.com
Tgl. ab 19 Uhr
Der in Frankreich geschulte Gourmetkoch Harris Makriloukas verwöhnt seine Gäste mit veredelter zyprischer Hausmannskost. ●●●

Halbinsel Akamas 14

Hier an der Nordwestspitze Zyperns hat sich ein kleines **Naturparadies** erhalten, in dem Wanderer auf Orchideen und andere seltene Pflanzen treffen. Der britischen Armee, die auf Akamas früher Artillerieübungen durchführte, und dem Druck von Umweltschutzgruppen ist es zu verdanken, dass die Halbinsel bisher nicht weiter erschlossen wurde. Ihr Versprechen, das Gebiet zum Nationalpark zu erklären, hat die Regierung bisher allerdings noch nicht eingelöst.

*Loutra tis Aphroditis 15

Hier soll sich die Göttin von ihrem Geliebten Akamas verwöhnt haben lassen. Ein (verbotenes) Bad in den Teichen schenkt Schönheit und lange Jugend, weiß der Volksmund, und wer aus der Quelle trinkt, wird sich bald verlieben.

Der gut ausgeschilderte ***Aphrodite Trail** (2,5 Std.) leitet auf Aphrodites Spuren weiter ins Innere der Halbinsel. Am Pyrgos tis Rigainas, einer Klosterruine mit uralter Eiche, soll das Liebespaar gerne gerastet haben.

Hotels

■ **Anassa**
Zwischen Latsi und Akamas
Tel. 2688 8000
www.thanoshotels.com
5-Sterne-Komfort in exklusiver Abgeschiedenheit. ●●●

■ **Aphrodite Beach**
Tel. 2632 1001
Am Rande des Akamas-Naturparks gelegenes Familienhotel. ●●

Restaurant

Porto Latsi
Am Strand in Latsi
Tel. 2692 9530
Das Fischrestaurant residiert in den Räumen eines ehemaligen Lagerhauses beim Hafen. ●●

Die Halbinsel Akamas

Tal der Zedern 16

Im Zederntal wächst Zyperns letzter Bestand an Troodoszedern, die sonst praktisch ausgerottet sind. Die der Libanonzeder ähnlichen Bäume können älter als 600 Jahre alt werden.

Im Tal leben auch noch die scheuen Mufflons, Zyperns Wappentiere. Sie bekommt man allerdings ohne Fernglas und langes Ansitzen kaum zu Gesicht. Leichter hat man es an der Forststation **Stavros tis Psokas**.

Hotel

Resthouse Stavros tis Psokas
Tel. 2699 9144
Bescheidene Unterkunft mit insgesamt 12 Betten, die einer Jugendherberge ähnelt. Eine vorherige telefonische Anmeldung wird empfohlen. ●

Das Inland

Nicht verpassen

- Die Wandbilder der Zehn Scheunendachkirchen des Troodos, die zum Weltkulturerbe gehören
- Die frisch zubereitete Konfitüre und das betörend duftende Blütenöl der Rosenfelder im Bergdorf Agros
- Den Regenbogen über dem Kaledonia-Wasserfall inmitten üppigen Grüns und nach diesem Naturschauspiel das schmackhafte Fischessen auf der Forellenfarm
- Den Blick auf die schöne Aphrodite von Soli im Nationalmuseum
- Ein Besuch im orientalischen Badehaus, das für Entspannung und Ausgeglichenheit sorgt

Karte S. 90/91

Zur Orientierung

Wenn Zyperns Küsten in der Sommersonne schwitzen, fliehen die Einheimischen ins Gebirge. Die wenigen Ausländer, die man auf den Wanderwegen oder in den Dörfern des Troodos trifft, sind gewöhnlich nur auf einen Tagesausflug im Mietwagen von der Küste heraufgekommen. Dabei gibt es etwa in Pano Platres, Kakopetria oder in Agros komfortable Hotels.

Auch im Winter lockt der Troodos, denn die Schlepplifte summen. Das ganze Jahr hindurch haben die Klöster Saison. Besonders in Kykko wird im sonntäglichen Akkord getauft, geheiratet oder einfach nur die Ikone geküsst und gebetet. Zehn Troodoskirchen, die mit ihren eigentümlichen Satteldächern von außen eher an Scheunen erinnern, hat die UNESCO wegen ihrer byzantinischen Fresken und Wandbilder als »Stätten des Weltkulturerbes« ausgezeichnet.

Im Landesinneren liegt auch Zyperns Hauptstadt Nikosia. Ein mächtiger, mit Gräben und Bastionen verstärkter Wall umgürtet die historische Altstadt, die sich zu Fuß erkunden lässt. Nach dem Fall der Berliner Mauer ist Nikosia die letzte geteilte Großstadt Europas – immerhin ist die Grenze zwischen dem türkischen Nord-Nikosia und dem griechischen Süd-Nikosia durchlässig geworden, und man kann auf der alten Hauptstraße, der Ledra Street, wieder vom einen Stadtteil in den andern spazieren. Ein Tag dürfte genügen, um hüben wie drüben das Wesentliche zu besichtigen. Das Nationalmuseum, die orthodoxe Kathedrale und die Hauptmoschee gehören dazu. Vorschläge für zwei Rundgänge finden Sie auf › S. 89/90.

Touren in der Region

Rund um den Olymp

(11) Pano Platres › Troodos › Kakopetria › Prodromos Junction › Trooditissa › Pano Platres

Dauer: 1 Tag, 60 km

Praktische Hinweise: Mit nur kleinen Abweichungen – man folgt einfach den Markierungen auf dem Straßenbelag – kann diese Tour auch mit dem Rad gemacht werden. So schlägt es wenigstens Zyperns Fremdenverkehrszentrale vor. Ein Auf und Ab von rund 900 Höhenmetern fordert allerdings Kondition. Etwa 8 km dieser Radroute verlaufen auf einem breiten, ungeteerten Forstweg; der Rest auf Asphaltstraßen, die man sich mit dem Autoverkehr teilen muss.

Erste Station dieser Runde um Zyperns höchsten Berg ist der kleine Ausflugsort **Troodos** › S. 101. In ****Kakopetria** › S. 102 flanieren Sie durch den denkmalgeschützten Dorfkern und besuchen die Scheunendachkirche ****Agios Nikolaos tis Stegis** › S. 103.

An der Straßenkreuzung oberhalb von Prodromos laden Tavernen zu einer Pause ein.

Naturerlebnisse im Troodos-Gebirge

⑫ Pano Platres › Troodos › Marathasa-Tal › Kloster Kykko › Pano Platres

Dauer: 1–2 Tage, 70 km
Praktische Hinweise: Am Wochenende, wenn die Zyprer mit Kind und Kegel das Kloster Kykko besuchen, geht es dort besonders lebhaft und lebendig zu.

Dank der in der Kolonialzeit begonnenen Aufforstungen ist Zypern die waldreichste Insel des Mittelmeeres. In den Wäldern rund um den Olymp gibt es eine Reihe von **Naturlehrpfaden**. Ausstellung und Film im **Naturschutzzentrum Troodos** › S. 101 stellen das Gebiet vor. Durch das für seine Kirschblüte (Anfang April) und die knackigen Früchte bekannte **Marathasa-Tal** › S. 102 geht es durch Wald zum glanzvoll ausgestatteten ***Kloster Kykko** › S. 102, das abgeschieden in einem Pinienhain auf 1140 m Höhe liegt. Es ist Zyperns mächtigstes und reichstes Kloster.

Scheunenkirchen im Troodos-Gebirge

⑬ Troodos › Kakopetria › Asinou › Pitsylia › Troodos

Dauer: 1–2 Tage, 120 km
Praktische Hinweise: Sie können die Tour um ein ganzes Stück verkürzen, wenn Sie die Kirche Stavros tou Agiasmati zu Fuß besuchen. Ein bequemer Forstweg zweigt 1,5 km südlich des Stausees Fraktis tou Xyliatou von der E707 ab und bringt Sie in knapp einer halben Gehstunde zur äußerlich unscheinbaren Kirche.

Diese Tour führt zu den vier bedeutendsten Kirchen Zyperns, die von der UNESCO mit dem Prädikat Weltkulturerbe geadelt wurden: ****Agios Nikolaos tis Stegis** bei Kakopetria › S. 103, Panagia Forviotissa in ****Asinou** › S. 106, ****Panagia tou Araka** und ***Stavros tou Agiasmati** in der Pitsylia-Region › S. 105/106. Ihren überhängenden Dächern verdanken sie die Bezeichnung Scheunenkirchen. Die wertvollen Innenmalereien schildern die für den Glauben der Ostkirche zentralen Begebenheiten aus dem Alten und Neuen Testament sowie dem Leben der Heiligen. Von allen Kirchen aus kann man lohnende Wanderungen durch die Wälder des Troodos unternehmen. Schon die Suche nach dem Priester mit dem Kirchenschlüssel kann zu mancher unerwarteten Einladung führen, bei der die Zeit schnell vergessen wird.

Agios Machairas, »Kloster des Messers« über dem gleichnamigen Ort

Klöster und Königsgräber

14 Nikosia › Tamassos › Agios Machairas › Fikardou › Nikosia

Dauer: Halber Tag, 50 km
Praktische Hinweise: Auch für diese Tour benötigen Sie einen Mietwagen.

Den Auftakt der Thementour bilden die Königsgräber von **Tamassos ›** S. 108. Im ***Kloster Machairas ›** S. 108, können Besucher mit den Gedenkstätten für den Freiheitshelden Afxentiou auch eine Vorstellung von der politischen Rolle der Kirche bekommen. Wanderer, die statt mit dem Mietwagen mit dem Taxi gekommen sind, können in einem halben Tag durch das Pediaios-Tal zurück nach Tamassos gehen. Autofahrer schlängeln sich noch ein Stück durch die Serpentinen zum Museumsdorf ***Fikardou ›** S. 107 hinauf, das unter Denkmalschutz steht und einen Einblick in das früher beschwerliche Leben der Bergbauern vermittelt.

Unterwegs in der Altstadt von Nikosia

15 Eleftherias-Platz › Laiki Geitonia › Paphos-Tor › Ledra-Straße › Ömeriye-Moschee › Bischofskirche › Famagusta-Tor › Chrysaliniotissa

Dauer: 1,5 Std. Gehzeit, 3,5 km
Praktische Hinweise: Zusammen mit dem Besuch des Nationalmuseums (kein Ruhetag) und des Museums für byzantinische Kunst (So/Mo geschl.) ergibt der Rundgang ein volles Tagesprogramm. Im Sommer sollten Sie früh aufbrechen und die Museen erst besuchen, wenn draußen die Mittagshitze brütet. Karte › S. S. 93

Den Charme von Nikosias Gassen und Mauern erleben Sie am besten zu Fuß. Der Spaziergang durch den griechischen Stadtteil beginnt am Eingang zur Altstadt, der Plateia Eleftherias, die gerade nach den Plänen der Stararchitektin Zaha Hadid völlig umgekrempelt wird. Vom Touristenviertel **Laiki Geitoina** › S. 92 geht es den Stadtwall entlang zur »Grünen Linie«, die als Grenze mitten durch die Altstadt gezogen wurde. Sie flanieren auf der Ledra-Straße mit ihren Textil- und Schuhgeschäften und besuchen interessanteste Sehenswürdigkeiten wie die **Ömeriye-Moschee** › S. 94 und die Bischofskirche **Agios Ioannis** › S. 94. Das **Famagusta-Tor** › S. 95 wird gerne für Ausstellungen genutzt. Der Spaziergang endet am **Chrisaliniotissa Crafts Centre** › S. 96. Für die Rückfahrt zum Ausgangspunkt gönnen Sie sich ein Taxi.

Osmanische Kultur in Lefkoşa

16 Girne-Tor › Mevlevi Tekkesi › Atatürk-Platz › Arabahmet-Viertel › Büyük Han › Sophienkathedrale / Selimiye-Moschee › Girne-Tor

Dauer: 1 Std. Gehzeit, 2,8 km
Praktische Hinweise: Wenn Sie zu Fuß vom griechischen Teil Nikosias kommen, steigen Sie gleich nach dem Checkpoint Ledra-Straße in die Runde dieses Stadtspazierungs ein. Karte › S. 93

Dieser Rundgang macht Sie mit dem türkischen Teil von Nikosias Altstadt bekannt, wo auch die meisten Baudenkmäler aus der osmanischen Zeit stehen. Sie besuchen das zum Museum gewordene **Derwischkloster** › S. 97 und die restaurierte Karawanserei **Büyük Han** › S. 97. Von den Cafés am zentralen **Atatürk-Platz** › S. 97 erleben Sie das gemächliche Treiben. Das relativ kleine **Arabahmet-Viertel** mit seinen typischen Erkerhäusern gibt einen Eindruck von der Wohnkultur. Hier haben sich gegen Ende des 19.Jhs. wohlhabende Familien ihre Häuser errichtet. Die Muslime machten 1570 aus der gotischen **Sophienkathedrale** ihre Hauptmoschee › S. 97.

11 Rund um den Olymp
Pano Platres › Troodos › Kakopetria › Prodromos Junction › Trooditissa › Pano Platres

Karte Seite 93

Unterwegs im Inland Zyperns

*Nikosia 1

Seit 1963 schneidet die »Grüne Linie« mitten durch Nikosias Altstadt und trennt das griechische Lefkosia vom türkischen Lefkoşa. Wie einst im geteilten Berlin wurde die historische Mitte der Stadt so zur Randlage. Erst mit dem 2008 geöffneten Übergang Ledra Street ist die Grenze auch in der Altstadt durchlässig geworden. Der von der Europäischen Union geförderte Stadtentwicklungsplan hat der türkischen (48 000 Einw.) und der griechischen Stadthälfte (215 000 Einw.) die Chance auf eine Wiedervereinigung offen gehalten. Die schmucken Fußgängerzonen hüben wie drüben gleichen einander im Material ebenso wie in Farbe und Design.

Die historisch wertvollen, doch lange vernachlässigten Wohnviertel an der Demarkationslinie erstrahlen heute in neuem Glanz. Regelmäßig treffen sich die Bürgermeister und Expertenstäbe der beiden Stadtverwaltungen – von allen Kontakten zwischen den Landesteilen funktioniert die Zusammenarbeit zwischen dem türkischen Lefkoşa-Nikosia und dem griechischen Lefkosia-Niko-

(12) **Naturerlebnisse im Troodos-Gebirge** Pano Platres › Troodos › Marathasa-Tal › Kloster Kykko › Pano Platres

(13) **Scheunenkirchen im Troodos-Gebirge** Troodos › Kakopetria › Asinou › Pitsylia › Troodos

(14) **Klöster und Königsgräber** Nikosia › Tamassos › Agios Machairas › Fikardou › Nikosia

Karte Seite 93

sia noch am besten. Ein Stichwort dazu heißt Nikosia Master Plan, der sich aus höchst unterschiedlichen internationalen Quellen finanziert.

Griechischer Südteil

Ledra-Observatorium Ⓐ

Einen hervorragenden Rundumblick über die Stadt Nikosia aus der Vogelperspektive gewährt der Aussichtspunkt auf dem Dach des Shakolas-Hochhauses. Fotos und Tonbandkommentare erläutern das Panorama (tgl. 10–20, Nov. bis März 10–18.30 Uhr).

> **Aus der Stadtgeschichte**
>
> In der Antike stand das kleine Ledra, wie Nikosia damals hieß, im Schatten seiner mächtigen Nachbarn Tamassos und Idalion.
>
> 280 v.Chr. gründete der Ptolemäer Leukos die Stadt neu und gab ihr seinen eigenen Namen. Der griechische Name Lefkosia und das türkische Lefkoşa gehen darauf zurück. Im Jahre 965 erhoben die Byzantiner die Stadt zum Regierungssitz.
>
> Eine Blütezeit erlebte Nikosia dann unter den Lusignan-Herrschern (1192–1489): 250 Kirchen, ein großer Königspalast und prächtige Adelshäuser prägten im Mittelalter das Stadtbild. Die Venezianer (1489–1570) schufen noch kurz vor der osmanischen Invasion auf Kosten viel mittelalterlicher Bausubstanz die mächtigen, rund 5,60 m dicken Wallanlagen, die die Altstadt bis heute umgeben.

Laiki Geitonia Ⓑ

Der romantische Winkel zwischen Hippokrates Street und D'Avila-Bastion gilt mit Straßencafés, Tavernen und Souvenirläden als Vorzeigestück der Stadterneuerung. Manche Häuser sind allerdings nicht so alt, wie sie zu sein scheinen, sondern wurden erst kürzlich im Stil der 1920er- Jahre erbaut.

*Leventis-Museum Ⓒ

Der Rundgang durch die gut präsentierte Ausstellung vermittelt einen authentischen Eindruck vom Alltagsleben vergangener Zeiten. Schautafeln und Beschriftungen auch in englischer und französischer Sprache erklären die Zusammenhänge. Zu Recht zeichnete der Europarat das Museum für seine moderne, mutige Gestaltung mit dem Europäischen Museumspreis aus (Di–So 10 bis 16.30 Uhr, Eintritt frei).

Motorad-Museum Ⓓ

In der Granikou Street 44 präsentiert der Oldtimer-Enthusiast Andreas Nikolaou Besuchern zum kleinen Preis seine sehr beachtliche Sammlung von 160 Motorrädern aus der Zeit von 1914 bis in die 1980er-Jahre (Mo–Fr 9–13, 15–19 Uhr, Sa 9–14 Uhr).

5 *Nationalmuseum Ⓔ

Das Museum präsentiert die schönsten und kostbarsten Stücke, die Archäologen auf Zypern entdeckten (Mo–Sa 9–17, So 10–13 Uhr).

Halsketten, kleine Idole und die bis 6000 Jahre alte Keramik

Karte Seite 93

aus Choirokoitia zeugen davon, dass die Menschen schon in der Steinzeit Sinn für Kunst und Ästhetik hatten. Die frühen Künstler nahmen auch menschliche Schwächen aufs Korn: Beim bronzezeitlichen Tonmodell einer Mysterienfeier aus Vouni lugt ein Neugieriger über die Mauer des Heiligtums. In einer Vitrine steht eine Auswahl der 2000 teilweise lebensgroßen Terrakotta-Figuren von Agia Irini (7./6. Jh. v.Chr.): Krieger, Priester mit Stiermasken, Minotauren und Sphingen.

Weitere Prunkstücke des Museums sind das 2 m hohe Bronzestandbild des römischen Kaisers Septimius Severus und ein berühmter schlanker Frauentorso

– 15 –

Unterwegs in der Altstadt von Nikosia

– 16 –

Osmanische Kultur in Lefkoşa

- **A** Ledra-Oberservatorium
- **B** Laiki Geitonia
- **C** Leventis Museum
- **D** Motorad-Museum
- **E** Nationalmuseum
- **F** Bank of Cyprus Cultural Foundation
- **G** Ömeriye-Moschee
- **H** Haus Hadji Georghakis Kornesios
- **I** Palast des Erzbischofs
- **J** Denkmal des Befreiungskampfes
- **K** Bischofskirche des Evangelisten Johannes
- **L** Museum für byzantinische Kunst
- **M** Museum für Volkskunst
- **N** Famagusta-Tor
- **O** Girne-Tor
- **P** Mevlevi Tekkesi
- **Q** Atatürk-Platz
- **R** Büyük Hamam
- **S** Büyük Han
- **T** Sophienkathedrale/ Selimiye Moschee
- **U** Lusignan-Haus

Die Aphrodite von Soli

aus dem 1. Jahrhundert vor Christus: die reizvolle **Marmorstatue der Aphrodite von Soli.**

Echt gut!

Bank of Cyprus Cultural Foundation F

Wohltuend klimatisiert, mit modernster Einrichtung und Museumsdidaktik präsentiert die Kulturstiftung der Bank of Cyprus Keramik, Schmuck und Münzen von der Antike bis ins Mittelalter (Mo–Fr 10–16.30 Uhr).

Ömeriye-Moschee G

Die Moschee ist das einzige noch geöffnete muslimische Gebetshaus im griechischen Nikosia. Die vielen im Mittelalter in den Boden eingelassenen Grabplatten der Augustinermönche und -äbte sind heute im Fort von Limassol ausgestellt. Gegenüber der Moschee wurde das alte **Ömeriye-Badehaus (hamam) zu einem schicken Wellnesscenter** renoviert (Badezeiten unter www.hamambaths.com).

Haus des Hadji Georghakis Kornesios H

Das Haus aus dem 18. Jh. gibt einen Eindruck vom luxuriösen Lebensstil der Oberschicht in der osmanischen Zeit. 1779–1809 hatte der Hausherr das Amt des Dragomans inne und war damit oberster weltlicher Vertreter der Christen Zyperns gegenüber dem Sultan und zugleich dessen Steuereintreiber. Die ausgestellten Vermögenslisten belegen: Er verdiente recht gut. (Di–Fr 8.30 bis 15.30 Uhr, Do bis 17 Uhr, Sa 9.30–15.30 Uhr).

Palast des Erzbischofs I

Vor dem Palast (erbaut 1956 bis 1960) wacht die monumentale **Bronzefigur** des Erzbischofs und Präsidenten Makarios. Am anderen Ende der Straße, an der Podocataro-Bastion, steht das **Denkmal des Befreiungskampfes** J. So äußerlich bescheiden sich die

Bischofskirche des Evangelisten Johannes Ⓚ (*Agios Ioannis*, erbaut 1662) im Komplex mit dem alten und neuen Bischofspalast gibt, so prächtig ist ihr einschiffiger, tonnengewölbter Innenraum. Die Ikonostasis ist über und über mit Blattgold beschlagen, und die Wandfresken (18. Jh.) erstrahlen in leuchtenden Farben. Besonders bedeutsam ist die Szenenfolge rechts vom Bischofsthron: die Auffindung der Gebeine des hl. Barnabas und die darauf fußende Anerkennung der Selbstständigkeit der orthodoxen Kirche Zyperns durch den byzantinischen Kaiser (Mo–Fr 8–12, 14–16 Uhr, Sa 8–12 Uhr, Eintritt frei).

*Museum für byzantinische Kunst Ⓛ

In einem Seitenflügel des neuen Erzbischofspalasts liefert das Museum mit mehr als 150 Ikonen aus ganz Zypern einen umfassenden Einblick in die Entwicklung der Ikonenmalerei vom 8. bis ins 18. Jh. Den Höhepunkt der Ausstellung bilden die Lythragkomi-Mosaiken, die den Bildersturm unversehrt überstanden haben. Im Obergeschoss befindet sich eine durchaus beachtliche Sammlung europäischer Gemälde (15. bis 19. Jh.) mit Motiven aus der griechisch-zypriotischen Mythologie und Geschichte (Di–Fr 9–16.30, Sa 9–13 Uhr).

Museum für Volkskunst Ⓜ

Das Museum neben der Bischofskirche zeigt in einem der ältesten Gebäude der Stadt historische Trachten, Schmuck, Haushaltsgegenstände und technisches Gerät aus der vorindustriellen Zeit. In fränkischer Zeit gehörte das Haus zu einem Benediktinerkloster; später residierte dort der orthodoxe Erzbischof (Mo–Fr 9–13.30 Uhr). Im Nachbargebäude erinnert das moderne **Museum des Nationalen Befreiungskampfes** an die Auseinandersetzungen zwischen den Briten und den Partisanen der EOKA.

Famagusta-Tor Ⓝ

Das dem Lazaretto-Tor von Iraklion (Kreta) nachempfundene Tor war der stärkste Teil der venezianischen Stadtbefestigung. In dem 35 m langen Gewölbegang, der von einer Kuppel mit 11 m Durch-

Bischofskirche des Johannes

messer unterbrochen wird, finden Kunstausstellungen und Vorträge statt (Mo–Fr 10–13, 16–19 Uhr, Eintritt frei).

Info

Cyprus Tourism Organisation (CTO)
Laiki Geitonia
Tel. 2267 4264
Mo–Sa vormittags, Mo, Di, Do und Fr auch nachmittags geöffnet.

Verkehrsmittel

Busse: Die meisten Buslinien starten vom zentralen Busbahnhof am Solomos-Platz. Mit den gelben Kleinbussen fährt man kostenlos durch die Altstadt.
Servicetaxis: Auf telefonische Vorbestellung fährt man mit Travel Express, Tel. 7777 7474, nach Larnaka, Limassol und Paphos.

Hotels

■ **Holiday Inn**
70 Regainis
Tel. 2271 2712
www.holiday-inn-cyprus.com
Großes Hotel in der Altstadt mit 140 modernen Zimmern. Von der Dachterrasse und vondortigem Pool bietet sich ein toller Blick über die Stadt. ●●●

■ **Averof**
19 Averof St.
Tel. 2277 3447
www.averof.com.cy
15 Minuten westlich vom Zentrum in einem ruhigen Wohnviertel gelegen. Rustikale Einrichtung mit Lokalkolorit, sehr persönlicher Service. ●

Das Girne-Tor

Restaurants

■ **Archontiko**
27 Aristokyprou
Tgl. ab 10 Uhr geöffnet.
Das Café-Restaurant im Viertel Laiki Geitonia überzeugt mit zypriotischer Küche und gediegenem Ambiente. ●●

■ **Propyläa**
15 Trikoupis
Abends und So geschl.
Gemütliche Taverne, in der es während des Bauernmarktes sehr lebhaft zugeht. ●

Shopping

Im **Chrysaliniotissa Crafts Centre** an der gleichnamigen Kirche kann man Glasbläsern, Schmuckdesignern und Kunsthandwerkern zuschauen und die Produkte auch gleich erwerben.

Türkischer Nordteil

Girne-Tor ⓪

In venezianischer Zeit war das Girne-Tor das Nördliche der drei Tore im Stadtwall. 1931 schlossen die Briten den Durchgang und rissen die Stadtmauer auf beiden Seiten nieder, um die Altstadt auch von Norden her besser für den Autoverkehr zu erschließen. So steht das Tor, in dem eine Informationsstelle des Tourismus-Ministeriums untergebracht ist, heute etwas sehr verloren auf einer Straßeninsel.

Mevlevi Tekkesi Ⓟ

Das Gebäude des Museums für türkische Volkskunst wurde im frühen 17. Jh. als Kloster *(Tekke)* des Derwisch-Ordens errichtet. Im Großen Saal tanzten sich die Brüder der Gemeinschaft über Stunden in einen tranceartigen Zustand von religiöser Ekstase, in dem sie ihre Nähe zu Gott verspürten. In dem angrenzenden Mausoleum ruhen die Scheichs (Vorsteher) der Tekke (tgl. 9 bis 12.30, 13.30–17 Uhr; Juni–Sept. nur 9–14 Uhr).

Atatürk-Platz Ⓠ

Der als Fußgängerzone ansprechend gestaltete Platz war weltliches Zentrum des alten Nikosia. Die graue Granitsäule in der Platzmitte stammt ursprünglich aus Ägypten, dann wurde sie von den Römern nach Salamis gebracht und dort in einem Tempel verbaut.

Büyük Hamam Ⓡ

Noch aus der vorosmanischen Zeit stammt das Badehaus, das jetzt auf seine Restaurierung wartet. Sein Eingang liegt inzwischen gut einen Meter unter dem Straßenniveau, denn die Nachbarhäuser sowie die Gasse selbst wuchsen auf den Schuttschichten der Jahrhunderte weiter in die Höhe.

Café im Innenhof des Büyük Han

*Büyük Han Ⓢ

Die mit großem Aufwand zu alter Pracht restaurierte Karawanserei wurde 1572 als eine Herberge für durchreisende Kaufleute gebaut. Heute laden Souvenirgeschäfte, Kunstgalerien und ein Café zum Verweilen ein.

*Sophienkathedrale/ Selimiye-Moschee Ⓣ

1209 legt der katholische Erzbischof Thierry den Grundstein für die Kathedrale. Die Bauarbeiten zogen sich bis in das 14. Jh. hinein. Besonders die Westfassade mit den drei Portalen und der Fensterrosette gilt als ein Meisterwerk der französischen Gotik.

Die Muslime bauten nach der Übernahme des Gotteshauses auf den unvollendeten Türmen der Westfassade Minarette in die Höhe und entfernten die gesamte Einrichtung. Die Innenwände strichen sie weiß, wodurch die Würde und Eleganz des Baukörpers umso mehr zur Geltung kommen sollte.

Lusignan-Haus Ⓞ

Das schmucke Wohnhaus mit dem Wappen der Lusignan-Dynastie in seinem gotischen Portal stammt im Kern noch aus dem 15. Jh. In osmanischer Zeit wurde der Fassade ein Erker vorgesetzt. Die Einrichtung gibt einen Eindruck von der Wohnkultur im alten Nikosia. Wieder original sind die prächtigen Holzdecken der hohen Räume (tgl. 9–12.30, 13.30–17, Juni–Sept. 9–14 Uhr).

Info

North Cyprus Tourist Information
Im Girne-Tor
Tel. 228 9629
Mo–Fr 9–17 Uhr, Sa/So bis 13 Uhr
Eine Filiale am Sektorenübergang Ledra Street ist tgl. von 8–16 Uhr geöffnet.

Schicksalsjahr 1974

Seit dem Ende der 1960er-Jahre hatte sich das Verhältnis zwischen den verfeindeten Volksgruppen nach dem blutigen Konflikt 1963/64 wieder etwas entkrampft. Doch diese Entspannung passte nicht in das Konzept der griechischen Militärjunta. Zu oft hatte Erzbischof und Präsident Makarios die Athener Diktatoren um Oberst Papadopoulos öffentlich bloßgestellt. So initiierten sie am 15. Juli 1974 einen Putsch der griechischen Nationalgarde, die zum Schutz gegen eine türkische Invasion auf Zypern stationiert war. Damit wollte die Junta von den eigenen inneren Problemen ablenken und den Anschluss der Insel an Griechenland herbeiführen. Vor allem sollte der »Kommunistenfreund« Makarios eliminiert werden, der jedoch aus dem brennenden Präsidentenpalast entkam und ins Ausland fliehen konnte.

An der Spitze der Putschisten stand Nikos Sampson, auch als »Schlächter von Omorphita« bekannt. Seine Todesschwadronen hatten schon im Bürgerkrieg von 1963/64 unter türkischen Zyprioten ein Massaker angerichtet. Die Türkei reagierte prompt und schickte am 20. Juli 1974 ein Expeditionskorps nach Zypern, das der Nationalgarde haushoch überlegen war. Damit war der griechische Plan der Vereinnahmung gescheitert, doch die türkische »Operation Attila« hatte die endgültige Teilung der Insel zum Ziel, und die Invasoren rückten weiter bis zur heutigen »Green Line« vor.

Ingesamt starben durch Putsch und Invasion 6000 Zyprioten. Ein Drittel der Bevölkerung, etwa 200 000 Menschen, wurden bei der »ethnischen Säuberung« Flüchtlinge im eigenen Land.

Verkehrsmittel

Busse: Vor dem Girne-Tor, wo auch die Stadtbusse halten, warten Minibusse, die nach Girne und Famagusta fahren.
Servicetaxis: Kombos, Tel. 227 2929, vom Büro hinter der Tekke nach Girne. Itimat, Tel. 227 2727, Kaimaklı Cad., nach Famagusta.

Restaurants

■ **Boghjalian**
Salahi Sevket Sok.
Arabahmet-Viertel
Tel. 228 0700
www.boghjalian.com
Sonntag ist Ruhetag
Stilvolles Restaurant in einem alten Stadthaus mit romantischem Garten. Abends begleiten gelegentlich Musiker mit traditionellen osmanischen Klängen das Essen. ●●●

■ **Amasyalı**
Girne Cad 176
Abends geschlossen
Auch ohne Sprachkenntnisse findet man sich hier zurecht. Das tagsüber geöffnete Lokal präsentiert alle Speisen in Vitrinen, aus denen der Koch auf die Teller schöpft. ●

Das Troodos-Gebirge

Als geologisch altes Gebirge ähnelt der Troodos mehr dem Schwarzwald als den Alpen, ist eher sanft gerundet als steil. Ein bewaldeter Höhenzug taucht nach dem anderen auf, bis man endlich freien Blick auf das Meer oder auf die Mesaoria-Ebene hat.

Vor etwa 20 Mio. Jahren, im Miozän, schob der Druck der

Weinlese im Troodos-Gebirge

Kontinentalplatten das Troodos-Gebirge an die Oberfläche des großen Ozeans, der damals die Stelle des Mittelmeers einnahm. Wind und Wetter haben die weichen Sedimentgesteine abgetragen und den mächtigen Kern des Gebirgsstocks aus magmatischen Gesteinen freigelegt. Für Geologen ist der Troodos, der sich mit dem Olymp (auch Chionistra genannt) bis 1951 m hoch erhebt, deshalb geradezu ein Bilderbuch der Erdgeschichte.

In den abgelegeneren Bergdörfern leben wochentags und auch im Winter gerade noch ein paar Rentner, die sich mehr schlecht als recht um die Gärten und Obstbäume kümmern. Der Tourismus spielt nur eine Nebenrolle, der Bergbau wurde eingestellt. Die Jüngeren arbeiten im Raum Nikosia und an der Küste, sie kommen nur noch am Wochenende oder in den Sommerferien.

Pano Platres im Troodos-Gebirge, ein bis heute beliebter Ferienort

Pano Platres 2

Echt gut!

Wegen des auch im Sommer angenehm kühlen Klimas wurde Pano Platres (1128 m ü. d. M.) schon von britischen Kolonialbeamten als Ferienort geschätzt. Wie in den indischen Hill Stations sind Grün und Rot auch die vorherrschenden Farben in dem in den Wald gebauten Häusern von Pano Platres. Sehenswürdigkeiten gibt es nicht, doch der Ort liegt verkehrsgünstig, um von hier aus die anderen Teile des Gebirges zu besuchen.

Info

Cyprus Tourism Organisation (CTO)
Im Zentrum
Tel. 2542 1316
Mo/Di, Do/Fr 9–16.30, Mi 9–13 Uhr

Busverbindung

Mo–Sa verkehren Busse nach Limassol und Nikosia.

Hotels

■ **Forest Park**
1 km in Richtung Prodromos
Tel. 2542 1751
www.forestparkhotel.com.cy

Traditionsreiches Haus im Kolonialstil mit fast 140 großen Zimmern, weitläufige Parkanlage, Schwimmbad. ●●●

■ **New Helvetia**
15 Gehminuten oberhalb des Zentrums
Tel. 2542 1348
www.minotel.com
Gebaut in den für Platres typischen Backsteinarchitektur. Ein Baum wächst mitten durch das Haus. ●●

Restaurants

■ **Psilo Dendro**
An der B8
Unter schattigen Platanen werden täglich frische Forellen aus eigener Zucht serviert. ●●

■ **Kaledonia**
Oberhalb vom Dorfplatz
In der Saison tgl.
Familienbetrieb mit vielen traditionellen Gerichten. ●

Shopping

■ **Foini Pottery**
Nur noch in einer Werkstatt des Töpferdorfs Foini (Weg vom Dorfplatz ausgeschildert) formt die Töpferin Keramik für den Hausgebrauch.

Troodos (Ort) 3

Am Fuß des Olymp entstand mit Troodos (1651 m ü. d. M.) schon in der britischen Zeit ein kleines Ferienzentrum. Mit Restaurants und Verkaufsständen dient es den Ausflüglern als Versorgungsstation. Das **Troodos Visitor Centre** informiert mit Broschüren und einem kurzen Film über Pflanzenwelt und Gesteinsformationen (Sommer tgl. 9–16 Uhr, Winter Mo–Fr 10–15 Uhr). Vor dem Pavillon wurde ein kurzer Naturlehrpfad angelegt, der auch gut mit Rollstuhl zu befahren ist.

Busverbindung

Clarios-Bus, Tel. 2275 3234, Mo–Fr nach Nikosia über Kakopetria.
Troodos Bus, Tel. 2555 2220, Mo-Fr nach Platres und Limassol.

Hotel

Jubilee
Tel. 2542 0107
www.jubileehotel.com
Im einzigen Hotel des Orts treffen sich Wanderer und im Winter Skifahrer. 37 freundlich-rustikale Zimmer, Restaurant mit britisch-zyprischer Küche. ●●

6 *Artemis-Trail 4

Der 7 km lange Trail umrundet ohne große Steigungen den **Olymp** (1951 m ü. d. M.), dessen Hänge mit Schwarzkiefern bewachsen sind. **Seltene Pflanzen und ungewöhnliche Felsformationen** warten auf Entdeckung. Echt gut! Von historischem Interesse sind die Ruinen einer Festung aus venezianischer Zeit. Auf dem Gipfel betreibt die Royal Air Force eine Funk- und Abhörstation. Von Dezember bis Ende Februar laufen an den Hängen die Schlepplifte des Cyprus Ski Club.

Weitere Wanderwege

In Troodos beginnen zahlreiche Wanderrouten. Im Visitor Center liegen Karten mit Tourenvorschlägen aus. Ein **leicht begehbarer Weg ist der **Kaledonia-Trail (5 km).** Echt gut! Er führt als schattiger Waldweg hinunter nach

Pano Platres. Der Trail folgt einem auch im Sommer Wasser führenden Bach, der sich im unteren Teil **mit mächtigem Getöse über eine Kaskade stürzt.**

Echt gut!

Marathasa-Tal 5

Nicht Schnee, sondern die Blüten unzähliger Kirschbäume überziehen im Frühjahr das Marathasa-Tal mit einem zarten weißen Schleier. Viele der von früheren Generationen in mühseliger Arbeit dem Hang abgerungenen Feldterrassen sind heute verwildert. In Kalopanagiotis hat sich um eine schwefelhaltige Thermalquelle Kurbetrieb etabliert. Fremde kommen wegen des **Klosters Ioannis Lampadistis**. Der mit Fresken ausgestatteten Kreuzkuppelkirche (11. Jh.) wurden bis ins 18. Jh. Bauten angefügt.

Restaurant

To Vrysi

Gartenlokal am oberen Ende von Pedoulas im Marathasa-Tal, legt besonderen Wert auf die Verarbeitung regionaler Produkte – man weiß hier, aus welchem Teich die Forelle stammt. ●●

*Kykko 6

Zyperns mächtigstes und reichstes Kloster liegt abgeschieden in einem Pinienhain auf 1140 m Höhe. Selbst an den Küsten des Schwarzen Meeres besaß die Abtei früher Ländereien, und auf Zypern ist sie noch heute der größte Grundbesitzer. Von allen Klöstern des Landes zieht es die meisten Pilger an. Auch finanziell geht es dem Kloster gut, denn viele Gläubige bedanken sich für die Wunder, die sie Kykko zusprechen, mit Schenkungen oder Erbschaften.

Auf der Höhe **Throni tis Panagia,** dem Marienthron, eine halbe Wanderstunde westlich des Klosters, ließ sich Erzbischof Makarios bestatten. Neben seinem Grab bezeugt ein mit Stofffetzen behängter Wunschbaum, dass das Volk ihn wie einen Heiligen verehrt. Es ist überliefert, wenn einer der Fetzen verrottet ist, gehe der damit verbundene Wunsch in Erfüllung.

7 **Kakopetria 7 und Umgebung

Kakopetria (671 m ü. d. M.), dessen Name »nutzloser Fels« bedeutet, schließt sich am oberen Ausgang des Solea-Tales an das Nachbardorf Galata an. Das milde Klima und die reizvolle Umgebung mit Obsthainen, Nussbäumen und fruchtbarem Gartenland an den Ufern des auch im Sommer Wasser führenden Karyotis-

Heiliges Geheimnis

Das wichtigste Kultobjekt von Kykko, eine der Überlieferung nach vom Evangelisten Lukas gemalte Ikone der Gottesmutter, erhielt das Kloster um 1100 vom byzantinischen Kaiser Alexis Komnenos. Seit 1795 verhüllt ein Silberbeschlag das Gnadenbild. Niemand hat die Originalikone seither zu Gesicht bekommen. Sie ist angeblich zu heilig, als dass menschliche Augen den Anblick ertragen könnten.

Karte S. 90/91

Fluss machten beide Orte schon in der fränkischen Zeit zur beliebten Sommerfrische.

Zum Pflichtprogramm aller Bustouren in den Troodos gehört der Rundgang durch den historischen ***Ortskern von Kakopetria,** der sich auf einem schmalen, von zwei Bächen eingeschnürten Rücken drängt und als Ensemble unter Denkmalschutz steht.

*Panagia tis Podithou

Ein fränkischer Adliger stiftete 1502 die auch Eleousa, die Barmherzige, genannte Kirche am Ortseingang von **Galata.** Die Bilder orientieren sich thematisch an der byzantinischen Tradition, stehen stilistisch aber deutlich im Zeichen der italienischen Renaissance: Der unbekannte Künstler verlieh den lebhaft wirkenden Figuren porträthafte Gesichtszüge und legte Wert auf die der byzantinischen Kunst fremde Illusion räumlicher Tiefe.

*Panagia Theotokos

Ein weiteres Beispiel für diesen ost-westlichen Mischstil sind die Fresken in der benachbarten Kirche, auch Agios Archangelos genannt, die 1514 geweiht wurde (tgl. 9.30–13, 14–17 Uhr, nach telefonischer Anmeldung unter Tel. 2292 2245).

**Agios Nikolaos tis Stegis

Die Klosterkirche (Heiliger Nikolaus mit Dach), 5 km südwestlich von Kakopetria, war ursprünglich eine Kreuzkuppelkirche aus dem 11. Jh., die später mit einem Sat-

Fresko in der Panagia tis Podithou

teldach überzogen und um einen Narthex erweitert wurde. Gäbe es eine Schönheitskonkurrenz der Scheunenkirchen, zöge Agios Nikolaos, äußerlich betrachtet, gegenüber der Kirche von Asinou den kürzeren: Die An- und Umbauten fügen sich hier nicht zu einem harmonischen Ganzen, sondern bleiben Versatzstücke eines Bühnenbildes, das seine beste Form noch nicht gefunden hat. Umso mehr gleicht die Kirche der Scheune eines alten Gehöfts, die ja über Generationen vorwiegend nach praktischen, nicht ästhetischen Gesichtspunkten verändert wird. Zu einem anderen Urteil als der Architekt muss jedoch der Liebhaber zypriotischer Kirchenmalerei kommen. Besonders die

In der Klosterkirche Agios Nikolaos

Fresken im höfischen Stil der frühen Komnenenzeit (12. Jh.) übertreffen die zeitgleichen Werke aus Asinou und sind diesen an Eleganz und Perfektion überlegen.

Busverbindung

Clarios-Bus nach Nikosia und Troodos, Tel. 2275 3234

Hotel

Linos Inn
Im alten Dorf
Tel. 2292 3161
www.linos-inn.com.cy
22 traditionell gehaltene Zimmer in einem Komplex schön restaurierter alter Häuser. Restaurant mit internationaler, Taverne mit heimischer Küche, ●●

Restaurants

■ **The Mill**
Tel. 2292 2536
www.cymillhotel.com
Rustikales Lokal bei der alten Mühle. ●●

■ **Linos Inn**
Das Restaurant des gleichnamigen Hotels an der Dorfstraße hat sich auf zypriotische Küche und besonders auf Pastagerichte spezialisiert. Für den kleinen Hunger seien etwa die »Ravioli Lino« empfohlen. ●●

Shopping

Am Wochenende gleicht die kopfsteingepflasterte Dorfgasse einem Basar, auf dem Frauen und Kinder Strickwaren, Honig und Früchte feilbieten. Eine besondere **Spezialität sind die noch grün in Zuckersirup eingelegten Walnüsse.**

Region Pitsylia

Der südöstliche Teil des Troodos gehört zu den ärmsten Regionen des griechischen Landesteils. An diesem Umstand hat die Natur einen nicht geringen Anteil: Die Faltung des Gebirges und das ablaufende Wasser haben die Täler hier besonders tief eingegraben. Manche der an die steilen Hänge geklebten Siedlungen liegen in Rufweite einander gegenüber, sind aber durch einen beschwerlichen, kilometerlangen Weg über den Talgrund voneinander getrennt.

Die Bergwanderung auf dem **Madari-Trail** um den von einer Feuerwache gekrönten Madari (1600 m) wird mit einer schönen Aussicht über das Gebirge bis hinunter ans Meer belohnt. Aus Naturschutzgründen ist dieser Weg vom ersten Schnee bis in den April gesperrt. In den rund 50 Dörfern harren noch etwa 20 000 Menschen aus. Nur wenige widmen sich weiterhin dem Weinbau, der früher eine der Haupterwerbsquellen war. Der Anbau auf den winzigen, für den Maschineneinsatz ungeeigneten Feldterrassen ist zu mühsam geworden.

Im Hauptort **Agros** **8** destilliert Chris Tsolakis aus den Blättern der Rosenblüten, die im Mai die Gegend mit ihrem Duft überziehen, **Rosenwasser und -parfüm** (www.rose-tsolakis. com).

Hotel

Rodon
Am Ortsrand von Agros
Tel. 2552 1201
www.rodonhotel.com
Großes Haus in herrlicher Panoramalage mit 123 Zimmern und 24 Familiensuiten. Tennisplätze und ein Schwimmbad sind vorhanden. ●●

**Panagia tou Araka

Am nördlichen Ortsende von **Lagoudera** **9** (1000 m ü. d. M.) blieb vom Landgut eines reichen Byzantiners nur die 1192 geweihte Kirche erhalten (Schlüssel beim Dorfpfarrer abholen). Der in der Stifterinschrift erwähnte byzantinische Edelmann Leon Authentou gab die herrlichen Wandbilder im mittelbyzantinischen Stil in Auftrag, die mit ihren graziösen und bewegten Gestalten auf der Insel ihresgleichen suchen.

Die besondere Sorgfalt bei der Ausführung der Gesichter weist den unbekannten Künstler als Ikonenmaler aus. Sein Können

Blick auf Agros, eines der größeren Dörfer im Pitsylia-Gebirge

Stavros tou Agiasmati

lässt eine langjährige Ausbildung in Konstantinopel vermuten. Seine Wandbilder im Schiff, in der Kuppel und in der Apsis sind echte Fresken, also auf den noch feuchten Verputz aufgetragen – eine aufwändige Technik, bei der nur Zentimeter für Zentimeter gearbeitet werden kann und jeder Abschnitt in kurzer Zeit vollendet werden muss, bevor der Kalk getrocknet ist. Maler anderer Kirchen gaben sich oft weniger Mühe und arbeiteten Bild für Bild oder in noch größeren Flächen, mussten dann aber die Farben auf den schon getrockneten Untergrund auftragen.

*Stavros tou Agiasmati 10

Ob Philip Goul, der um 1500 die gut erhaltenen Malereien in der Waldkirche (Schlüssel beim Pfarrer in Platanistasa erhältlich) schuf, das Werk seines Kollegen kannte? Goul war ein Kind der Renaissance. Er arbeitete schon mit Perspektive und seine Gebäudekonzepte erinnern an Italien. Außerdem nahm er sich offenbar die Freiheit, auch Themen außerhalb des fest definierten Repertoires der orthodoxen Ikonographie aufzugreifen: In der Bogennische der Nordwand schildert ein zehnteiliger Zyklus die Auffindung des heiligen Kreuzes. Ein weiterer Teil zeigt die Geschichte der Reliquie von Stavrovouni, ein für Zypern besonders bedeutsames Thema.

8 **Asinou 11

Im Wald über Nikitari präsentiert sich die Kapelle **Panagia Forviotissa** schon äußerlich als ungewöhnliches Bauwerk: Sie gleicht mit ihrem weit heruntergezogenen Ziegeldach tatsächlich eher einer Scheune. Dieses für die Kirchen des Trodoos typische Scheunendach wurde als zweite Haut über das erst im Inneren sichtbare Tonnengewölbe und die Kuppeln gebaut, wohl um die Panagia Forviotissa besser vor der Witterung zu schützen. Auf dem Stifterbild über der Südtür erkennt man, dass dieses Scheunendach von Anfang an zur Kirche gehörte. Allerdings fehlt dem Modell, das Maria stellvertretend für den Stifter an Christus weiterreicht, noch die erst um 1200 angefügte Vorhalle. Ihre wahre Pracht entfaltet die Panagia im lückenlos bemalten Innenraum. Streng und mahnend blicken die Propheten, Heiligen und Kirchenväter von den Wänden auf die, die sich hier zur Liturgie versammelten – und dabei in ihrem Glauben eine Gemeinschaft mit den Gläubigen aller Zeiten eingingen.

Zu den eindrücklichsten Szenen zählt in der linken hinteren Ecke die **Darstellung der »40 Märtyrer von Sebasteia«**. Vierzig spärlich bekleidete, aus zahlreichen Wunden blutende Christen stehen, von römischen Legionären bewacht, frierend auf einem vereisten See. Einer hält der Folter nicht stand und schleicht sich zu einem dampfenden Badehaus an das Ufer, das allen offen steht, die dem Glauben abschwören. Doch den Platz des Abtrünnigen auf dem Eis nimmt, von der gegenüberliegenden Laibung kommend, sogleich einer der Wachsoldaten ein (tgl. 9–16 Uhr, im Sommer bis 17 Uhr).

*Fikardou 12

Das von der Landflucht entvölkerte Bergdorf steht unter Denkmalschutz und ist damit zugleich ein Freilichtmuseum der ländlichen Architektur des 18./19. Jhs. Der Wirt des Kaffeehauses hat hier mit seinem Ehrenamt als Bürgermeister nicht allzu viel Arbeit. Während die meisten Höfe gänzlich leer stehen oder noch als Scheunen dienen, wurden das **Haus des Katsinioros** und das

Aufseher in der Kirche Asinou

Ein Königsgrab in Tamassos

Haus der Achillea Dimitri sorgfältig restauriert und als Volkskundemuseen eingerichtet (tgl. 9-17 Uhr, Nov.–März 8–16 Uhr).

*Agios Machairas 13

Eine schmale Straße windet sich durch den Wald hoch nach Agios Machairas (750 m ü. d. M.). Der in der Ebene träge Pediaios plätschert hier noch als ein munteres Bächlein, und vor dem **Kloster,** das sich im Winter oft in den Wolken versteckt, serviert eine Taverne im Lehmofen geschmortes Lammfleisch.

Ein modernes Mosaik neben der Kirchentür erzählt die Gründungslegende des »Klosters des Messers«. Zwei Eremiten sollen im 12. Jh. auf eine vergrabene Ikone der Gottesmutter gestoßen sein, über die ein Messer wachte. Kaiser Manuel I. Komnenos (1143–1180) schenkte den Brüdern Geld und Ländereien zum Unterhalt eines Klosters. Die Gebäude aus jenen Jahren sind längst verschwunden; zuletzt brannte der Konvent 1892 nieder (Mo–Fr 8.30–17.30 Uhr).

Ein kleines Museum im Kloster Agios Machairas erinnert an den EOKA-Kämpfer Grigoris Afxentiou. Draußen blickt er als Bronzefigur in Gestalt eines Partisanen über das Tal, in dem er, in einer Höhle verschanzt, am 3. März 1957 den Flammenwerfern der britischen Armee zum Opfer fiel. Die Zyprioten verehren Afxentiou als Nationalhelden.

Tamassos und Politiko 14

Die damaligen Bergleute holzten in weitem Umkreis den Wald als Brennmaterial ab und häuften Abraum und Schlacke zu riesigen Hügeln, auf denen sich bis heute nur wenige, genügsame Pflanzen ansiedelten. Von der Stadt wurden bisher nur die Fundamente eines Tempels und Werkstätten freigelegt. Die Zugänge *(Dromoi)* zu den beiden zwischen 650 und 600 v.Chr. angelegten **Königsgräbern** (Di–So 10–15 Uhr) sind im Unterschied zu Gräbern in Salamis als Treppen ausgeführt. Deckenbalken aus Stein und Scheintüren imitieren ein Holzhaus.

Nordzypern

Nicht verpassen!

- Einen Abend vor der Kulisse der Speicherhäuser und der Burg an Zyperns schönstem Hafen Girne flanieren, trinken und dinieren
- Ein Konzert im gotisch-mediterranem Ambiente der bezaubernden Klosterruine Bellapais
- Am literarischen Originalschauplatz auf Famagustas Stadtmauer Shakespeares »Othello« lesen
- Am Golden Beach durch die Dünen stapfen und dabei nach wilden Eseln Ausschau halten

Karte S. 110/112

Zur Orientierung

Nordzypern ist mindestens so schön wie der griechische Inselteil. Und seit dem Beitritt der Republik Zypern zur EU und der Öffnung der innerzyprischen Grenze auch leichter aus früher zu erreichen. Bürger der EU dürfen nun nach Belieben von einem Teil Zyperns in den anderen reisen. Ein paar Tage hier und ein paar Tage da oder der Flug nach Larnaka und von dort Transfer ins Hotel nach Nordzypern sind nun problemlos möglich.

Für eine Kurzvisite bieten sich das türkische geprägte Nord-Nikosia und der Trip in die Hafenstadt Girne an. Auf dieser Fahrt passiert man die bestimmenden Landschaften Nordzyperns. Nikosia liegt noch in der weiten, bis an die Ostküste nach Famagusta reichenden Mesaoria-Ebene. Dann überquert das Auto das Beşparmak-Gebirge, eine Kette schroffer, bis 1023 m über den Meeresspiegel aufragender Gipfel, die sich parallel zur Nordküste aneinanderreihen. Der bewaldete Höhenzug lädt zu Wanderungen ein. Kreuzritterburgen verführen nicht nur Kinder zu Ritterspielen.

Entlang der Küste im Norden bleibt nur Platz für eine schmale Küstenebene. In diese drängt sich, mit Girne als Zentrum, eine von Lapta bis Çatalköy reichende Agglomeration. Es wird emsig gebaut, mehr Masse als Klasse. Hier stehen auch die meisten Hotels.

17 Altertümer an der Bucht von Morfou
Girne › Güzelyurt › Soli › Vouni › Girne

Blick auf Nordzypern: Die Stadt Girne mit Minarett und Hafen

Auch von Famagusta aus, der nach Nikosia und Girne dritten Urbanisation Nordzyperns, erobert der Bauboom die Küste und reicht inzwischen bis nach Boğaz. Wer länger bleibt und nicht in Girne und Umgebung Quartier nimmt, findet auch hier ansprechende Strandhotels. Wenig entwickelt sind bislang der äußerste

18 **Im Beşparmak-Gebirge**
Girne › Buffavento › Alevkaya › Antifonitis › Girne

Westen Nordzyperns, also das Gebiet um Lefke und Güzelyurt und die Halbinsel Karpaz im Nordosten. Dort gibt es nur einige wenige, einfache Hotels, dafür viel Natur und herrliche Strände.

Touren in der Region

Altertümer an der Bucht von Morfou

(17) Girne › Güzelyurt › Soli › Vouni › Girne

Dauer: 1 Tag, 85 km
Praktische Hinweise: Wenn der Tag noch nicht zu weit fortgeschritten ist, machen Sie auf dem Rückweg noch einen Abstecher nach Nikosia.

Dieser Tagesausflug führt an den Stränden der Nordküste entlang zunächst in die Zitrushaine um das Landstädtchen Morfou, das von den Türken heute **Güzelyurt**, schönes Land, genannt wird › S. 122. Im Frühjahr, wenn die Orangen- und Zitronenbäume blühen, liegt ein betörender Duft über der fruchtbaren Schwemmlandebene. Unterhalb der antiken Kupferstadt ***Soli** › S. 123 rosten eine neuzeitliche Erzaufbereitungsanlage und Verladeeinrichtungen als Industrieruinen vor sich hin. Über die ersten Hausherren des auf einem Tafelberg über der Küste angelegten ***Palastes von Vouni** › S. 124 können die Wissenschaftler bisher nur spekulieren. Erhalten sind nur Fundamente.

Im Beşparmak-Gebirge

(18) Girne › Buffavento › Alevkaya › Antifonitis › Girne

Dauer: 1 Tag, 80 km
Praktische Hinweise: Die Tagesfahrt ist nur per Auto zu schaffen, doch empfehlen sich die Forstwege des Gebirges auch für Spaziergänge und Wanderungen.

Wie der zackige Rückenkamm eines Drachen zieht sich das »Fünffingergebirge« vom Kap Korucam bis zur Halbinsel Karpasia quer über die Insel. Wo die Felsen am steilsten sind, scheint die Burg ***Buffavento** › S. 120 auf einem schroffen Gip-

(19) Burg Kantara und Zyperns erstes Ökodorf
İskele › Büyükkonuk › Kaplıca › Kantara › Boğaz › Iskele

fel zu kleben. In den Wäldern verstecken sich die verlassenen Klöster ***Antifonitis** › S. 121 und **Sourp Magar** › S. 121, und im Herbarium der Forststation **Alevkaya** › S. 120 ist Zyperns Pflanzenwelt katalogisiert.

Burg Kantara und Zyperns erstes Ökodorf

(19) İskele › Büyükkonuk › Kaplıca › Kantara › Boğaz › Iskele

Dauer: 1 Tag, 60 km
Praktische Hinweise: An den Stränden von Kaplıca können Sie mittags eine Badepause einlegen, die Restaurants von Boğaz laden abends zum leckeren Fischessen ein.

Die Fahrt geht von **İskele** › S. 132 über das Ökodorf **Büyükkonuk** › S. 133 an dem vom Tourismus am wenigsten berührten Teil der Nordküste. Von Kaplica windet sich ein schmales Bergsträßchen hinauf zur zugigen Kreuzritterfestung ***Kantara** › S. 132 mit ihrem herrlichen Ausblick über die Karpaz-Halbinsel. Vom Kai in **Boğaz** › S. 132 kommt der gerade gefangene Fisch direkt in die Küche der Restaurants – frischer geht es wirklich nicht.

Die Halbinsel Karpaz

(20) Yenierenköy › Dipkarpaz › Andreas-Kloster › Golden Beach › Kaleburnu › Yenierenköy

Dauer: 1–2 Tage, 125 km
Praktische Hinweise: Auf Karpaz gibt es noch wirklich einsame Strände – bitte ab Mai nicht mit dem Wagen befahren, um die Schildkrötengelege › S. 135 nicht zu zerstören! Wer diese Mietwagentour von Girne oder Famagusta aus unternimmt, sollte eine Übernachtung in Dipkarpaz in Betracht ziehen.

(20) Die Halbinsel Karpaz
Yenierenköy › Dipkarpaz › Andreas-Kloster › Golden Beach › Kaleburnu › Yenierenköy

Kirchenruinen und Bodenmosaiken künden von einer lebendigen Vergangenheit der ursprünglich gebliebenen Halbinsel im Nordosten Zyperns. In **Dipkarpaz** › S. 133 leben heute noch Griechen, die sich dem Exodus im Jahre 1974 nicht angeschlossen hatten. Das ***Andreas-Kloster** › S. 135 mit seiner Quelle ist das bedeutendste Wallfahrtsziel der Halbinsel. Am Weg lockt Zyperns schönster Strand **Golden Beach** › S. 135 und in **Kaleburnu** › S. 134 wurde jüngst ein spätbronzezeitlicher Fürstensitz entdeckt.

Unterwegs in Nordzypern

9 *Girne (Keryneia) 1

Der romantische Hafen vor dem Hintergrund der steil ansteigenden Beşparmak-Kette macht Keryneia oder Girne, wie die Türken es nennen, zum attraktivsten Ferienort der Insel. In der hufeisenförmigen Hafenbucht, über die an der Ostseite das trutzige Kastell wacht, dümpeln Fischerkähne einträchtig neben mondänen Sportseglern, deren Besitzer das selbst in der Hochsaison beschaulich wirkende Städtchen den Rummelplätzen der Ägäis vorziehen. In den Speicherhäusern um den Hafen wurden früher Johannisbrot und Olivenöl aus den Hainen um die Stadt gelagert. Einige wurden zu Hotels und Ferienwohnungen umgebaut, doch gleich dahinter stehen gewöhnliche Wohnhäuser. Echt gut! Die **Hafenpromenade** gehört den Fußgängern, keine Autos stören die Stimmung. Souvenirläden, Straßencafés und Tavernen laden zum Verweilen ein.

Vermutlich wurde Girne bereits im 10. Jh. v.Chr. von griechischen Achäern gegründet. Bis zur Unterwerfung der Stadt durch König Nikokreon von Salamis (312 v. Chr.) liegt die Geschichte jedoch bisher weitgehend im Dunkeln.

1192 fiel der Ort mitsamt der Familie des letzten byzantinischen Herrschers, die sich in der Burg verschanzt hatte, den Kreuzrittern in die Hände, 1570 ergaben sich Stadt und Festung kampflos den Osmanen. Angelockt vom milden Klima, entdeckten britische Offiziere Girne zu Beginn des 20. Jhs. für den Fremdenverkehr und als Alterssitz.

*Festung A

Sie ist das besterhaltene Kastell Zyperns. Von der ursprünglichen, wohl im 8. Jh. begonnenen byzantinischen Burg ist nur noch der Stumpf eines Rundturms erhalten. Von diesem aus gelangt man auf den Umgang, der auf der Mauerkrone um die gesamte Burg herum führt und dabei eine herrliche Aussicht bietet. Die ebenfalls

Karte
Seite 116

byzantinische Georgskapelle lag damals außerhalb der Burg. Die Lusignans erneuerten Nord- und Ostmauer, bauten den hufeisenförmigen Nordostturm und die Wohngebäude im Innenhof. Ein Hauch von höfischer Eleganz zog in den militärischen Zweckbau ein.

Ihre heutige Gestalt bekam die Festung im 16. Jh. unter den Venezianern. Einen Eindruck von den bis zu 38 m starken Befestigungen gibt der lange, schlüpfrige Gang, der quer durch den Wall in die Kasematten der Südwestbastion führt. Im Torhaus ruhen die Gebeine von Admiral Sadık Paşa, der die Burg 1570 für die Türken eroberte. Andere Räume des Kastells wurden mit lebensgroßen Puppen und nachgestellten Szenen ausstaffiert. Hart an der Geschmacksgrenze präsentiert sich der Kerker. Von Schrecken kann man sich im Café erholen.

Schiffsmuseum B

Das Schiffsmuseum auf der Ostseite des Burghofs beherbergt den Rumpf eines Segelschiffs, das zwischen 288 und 262 v.Chr. unterging oder nach einem Überfall von Piraten versenkt wurde. Sie überließen – das legen zumindest die ausgestellten Funde nahe – den vier Seeleuten gerade noch das Essbesteck, mit Mandeln gefüllte Amphoren sowie 29 Mühlsteine, die das Schiff vermutlich als Ballast mit sich führte.

Archäologisches Museum C

Nebenan versammelt das Archäologische Museum Funde der jüngsten Ausgrabungen in der Umgebung Girnes: eine nachgebaute Steinzeithütte wurde mit Objekten aus dem nahen Çatalköy ausgestattet, ein rekonstruiertes Grab zeigt bronzezeitliche

Girnes Hafenpromenade

Grabbeigaben aus Pınarbaşı, die archaische Zeit ist mit Entdeckungen aus Agia Irini vertreten, von wo auch die imposanten Terrakottafiguren im Nationalmuseum (Süd-Nikosia) stammen (Museen und Burg sind von Okt.–Mai tgl. 9–16.45 Uhr, Juni–Sept. 20 Uhr geöffnet).

An der Hafenbucht

Vor dem Hintergrund der Berge bildet das über das Häusermeer aufragende Minarett der **Cafer Paşa Moschee** Ⓓ einen wahren Blickfang.

Der Besuch des kleinen **Volkskundemuseums** Ⓔ in einem alten Speicherhaus am Hafen lohnt sich allenfalls an einem Regentag (tgl. 9–12.30, 13.30–17 Uhr, Juni bis Sept. nur 9–14 Uhr, Schlüssel am Eingang zur Burg erhältlich).

Die 1860 vollendete **Kirche des Erzengels Michael** Ⓕ ist neben Hafen und Burg das dritte Wahrzeichen von Girne. In dem bis auf die Ikonostase nahezu schmucklosen Innenraum erwartet die Besucher heute eine Ikonensammlung. Leider sind die aus den Kirchen der umliegenden Dörfer zusammengetragenen Exponate bislang nur unzureichend beschriftet (tgl. 9–12.30, 13.30–17 Uhr, Juni–Sept. nur 9–14 Uhr).

Ⓐ Festung
Ⓑ Schiffsmuseum
Ⓒ Archäologisches Museum
Ⓓ Cafer Paşa Moschee
Ⓔ Volkskundemuseum
Ⓕ Kirche des Erzengels Michael

Karte Seite 110

Info

Girne Turizm Ofisi
Am Hafen
Tel. 815 2145
Tgl. 9–20 Uhr

Verkehrsmittel

Schiff: Vom neuen Hafen 3 km östlich des Zentrums verkehren täglich Autofähren ins türkische Taşucu.
Bus, Servicetaxi: Vom Rathausplatz (Ramadan Cemil Meydanı) bestehen gute Verbindungen nach Nikosia, Famagusta, Güzelyurt sowie entlang der Westküste bis Karşıyaka und entlang der Ostküste bis Esentepe.

Hotels

■ **Dome**
Kordon Boyu
Tel. 815 2453
www.dome-cyprus.com
Das etwas ältere Hotel mit hohen, geräumigen Zimmern und Kolonialzeit-Flair steht mitten im Ort auf einer ins Meer hinausragenden Felsnase. ●●

■ **White Pearl**
Am Hafen
Tel. 815 0429
www.whitepearlhotel.com
Das einzige Hotel am Hafen. Die meisten der gerade mal zehn Zimmer mit Hafenblick. Abends trifft man sich in der Bar auf dem Dach. ●●

Restaurants

■ **Niazi's**
Kordon Boyu
Tel. 815 2160
In rustikalem Ambiente gibt es zyprische Grillküche. Spezialität ist das wirklich magenfüllende »Full Kebab«. ●●

■ **Grapevine**
Ecevit Cad. 25
So Ruhetag. Internationale Küche, im Sommer unter einer romantischen Weinlaube serviert. ●●

Nightlife

Antis Taverna
Karaoğlanoğlu
Tel. 822 2256
Mo, Mi, Fr, Sa ab 20 Uhr Show mit Bauchtanz und viel Musik, Reservierung empfohlen.

Shopping

Als eine echte Fundgrube für Teppiche, Kleider, Kupferwaren und Bücher, aber auch für Ramsch und Kitsch empfehlen sich die **Souvenirgeschäfte** in der **Bandabuliya (Markthalle)** und gegenüber **im alten Turm**, schräg gegenüber dem Eingang der Markthalle.

Ausflüge von Girne

10 **St. Hilarion 2

Schon ihre herrliche Lage macht die **Bergfeste zu einer der schönsten Sehenswürdigkeiten** Nordzyperns: Eine romantische Ritterburg, deren Zinnen und Türme ganz natürlich aus den schroffen Kalksteinfelsen des Kyrenia-Gebirges zu wachsen scheinen.

Echt gut!

Der Name geht möglicherweise auf einen Mönch aus Palästina zurück, der seinen Lebensabend (gestorben 371 n.Chr.) in Zypern verbrachte. Die Heiligengeschichte kennt jedoch noch 15 weitere fromme Männer dieses Namens. Aus der Einsiedelei des Heiligen entwickelte sich jedenfalls ein

Mächtig ragt die gotische Abtei Bellapais auf einer steilen Felsklippe auf

Kloster, das die Byzantiner im 10. Jh. zu einer Burg ausbauten.

1228–1232 spielte Hilarion eine Schlüsselrolle beim Versuch des Stauferkaisers Friedrich II., sich Zypern auf dem Sechsten Kreuzzug quasi im Vorbeigehen anzueignen. Die Kaisertreuen sowie die Anhänger der Lusignan-Könige wechselten mehrfach die Rollen von Belagerern und Belagerten, bis das staufische Heer auf der Passhöhe unterhalb der Burg schließlich vernichtend geschlagen wurde.

Hilarion besteht aus drei übereinander angelegten, in sich abgeschlossenen Einheiten. In der **Vorburg** waren die Stallungen und das Quartier der Soldaten untergebracht. Die **Unterburg** wuchs um das Kloster herum, in dessen Refektorium die Lusignan-Könige ihre Bankette feierten. Von der arg zerfallenen **Oberburg** bietet sich ein weiter Ausblick über die Küstenebene und das Meer. Die beste Zeit für einen Besuch ist der frühe Morgen, wenn die Sonne für Fotografen noch günstig steht. Die Zufahrt zur Burg führt durch ein Militärgelände, das nur mit dem Auto und ohne Anhalten passiert werden darf. Fußgänger und Radfahrer werden von den Soldaten nicht durchgelassen. Tgl. geöffnet Juni bis Sept. 9.30–18.30 Uhr, Okt. bis Mai 9–12.30, 13.30–16.45 Uhr.

**Abtei Bellapais 3

Die gotische Abtei steht inmitten eines schläfrigen Bergdorfs gleichen Namens, das einen »Baum des Müßiggangs« pflegt. Augustiner gründeten das Kloster 1205,, doch wechselten die Mönche bald in den Prämonstratenser-Orden.

Mit seinen Spitzbögen und Kreuzrippengewölben im Stil der

Karte Seite 110

nordfranzösischen Gotik müsste der Konvent eigentlich ein Fremdkörper in der levantinischen Landschaft sein – doch die Ruinen fügen sich durchaus harmonisch zwischen den Olivenhainen, Zypressen und Dattelpalmen ein.

Das Wappen der Lusignan-Dynastie über dem Durchgang zum Speisesaal erinnert an die königlichen Wohltäter der Abtei: Hugo I. schenkte den nach dem Fall Jerusalems vertriebenen Augustinern große Ländereien, Hugo III. (1267–84) gewährte, sehr zum Ärger des Erzbischofs, dem hiesigen Abt das Privileg, während des Gottesdienstes die Bischofsmitra zu tragen.

Bei der Ankunft der Osmanen war Bellapais jedoch baulich und moralisch in Verfall begriffen. Ein venezianischer Inspekteur beklagte um die Mitte des 15. Jhs., dass die Mönche keine Messen mehr läsen, sondern sich statt dessen nur noch ihren Konkubinen und Kindern widmeten.

Zu besichtigen ist die Abtei, ca. 6 km südlich von Girne, tgl. Juni bis Sept. von 9–20 Uhr, Mai bis Okt. 9–16.45 Uhr. Im späten Frühjahr gibt es abends im Rahmen des **Bellapais Musikfestivals** Kammermusik und Gesang (www.bellapaisfestival.com).

Buch-Tipp Eine »impressionistische Studie über die Atmosphäre in Cypern während der unruhigen Jahre 1953 bis 56« ist **Bittere Limonen** von Lawrence Durrell (rororo-Taschenbuch). Der berühmte britische Romancier lebte einige Jahre in Bellapais.

Karaman 4

Karaman (Karmi) wurde als Zweitwohnungs- oder Alterssitz zuerst von britischen Rentnern entdeckt, heute wohnen auch viele Deutsche in den mit Geschmack restaurierten Häusern des Orts. Da viele Eigentümer gerade nur ein paar Wochen im Jahr hier sind, vermieten sie ihre Häuser auch als Ferienwohnung. Am besten fragt man im Restaurant nach.

Wohl Dank der vielen Ausländer im Dorf hat die äußerlich unscheinbare Kirche die türkische Invasion unversehrt überstanden, und am späten Sonntagvormittag können die Ikonen und die Ikonostase besichtigt werden. Auch der bronzezeitliche Friedhof mit dem archaischen Halbrelief einer menschlichen Figur (Grab 6) lädt zu einem Besuch ein.

Restaurants

Treasure
Karaman
Tel. 877 6217
Mi Ruhetag
Das Lokal in den Räumen der alten Dorfschule ist mit wertvollen Antiquitäten eingerichtet. Britische und zyprische Küche. ●●●

The Adress
Karaoğlanoğlu
Tel. 822 3537
Kein Ruhetag
»Die Adresse« liegt schön am Meer und serviert türkische und internationale Küche. Abends Reservierung empfohlen. ●●

Crow's Nest Pub
So abends u. Mo mittags geschl.

Blick auf die Burgruine Buffavento im Pentadaktylos-Gebirge

Das Pub bietet im Zentrum von Karaman neben Guinness und Snacks auch außergewöhnlich schöne Postkarten zum Kauf.

*Buffavento 5

Die Burg (954 m ü. d. M.), wo der Wind weht, ist Zyperns höchste, am stärksten zerstörte, am wenigsten erforschte. Man wundert sich, wie die Byzantiner das zerklüftete Terrain aus Felsspitzen und Abhängen so weit einebnen konnten, dass Platz für die Gebäude entstand. Festungsbauten waren nicht erforderlich. Die Lage über den senkrecht abfallenden Felsen bot mehr Sicherheit als jede Mauer. Die düstere Feste verbirgt sich oft in Wolken oder Nebelschwaden. Im Mittelalter wurde sie gern als Gefängnis benutzt. Jean de Visconte, der eine Lusignan-Königin bei ihrem Gatten wegen amouröser Abenteuer angeschwärzt hatte, litt hier angekettet und ohne Nahrung wochenlang, bis der Tod ihn erlöste.

Alevkaya 6

In der Sommerfrische in Alevkaya pflegen die Zyprer in der Ferienzeit inmitten eines üppigen Nadelwaldes ihr liebstes Hobby, das

Karte Seite 110

Grillpicknick. Markierte Wanderwege erschließen den Wald, wochenends öffnet ein Restaurant.

Das Forsthaus beherbergt mit dem Herbarium eine kleine Attraktion. In mühseliger Arbeit sammelte und katalogisierte der Brite Deryck Viney fast alle 1200 in Nordzypern bekannten Pflanzen. Viele wurden getrocknet, gepresst und gezeichnet. Verblichene Fotos seltener Orchideen zeigen Blumenfreunden, welche Exoten es auf Zypern zu entdecken gibt.

Das armenische **Kloster Sourp Magar** wurde bei der türkischen Friedensoperation 1974 gezielt zerstört – Resultat des Hasses der Türken auf die Armenier. Heute ist die Klosterruine mit ihren prächtigen Obstbäumen als Picknickplatz beliebt und beherbergt eine Cafeteria.

*Antifonitis 7

Oberhalb von Esentepe liegt in einem dichten Mischwald das »Echo-Kloster«, wie es wegen seiner Lage in einem Bergkessel heißt. Es steht inmitten einer Lichtung, die im späten Frühjahr der Mohn mit unzähligen roten Tupfen überzieht. Antifonitis ist Zyperns letzte byzantinische Kir-

Der heilige Mamas auf dem Löwen

che (12. Jh.) und neben der Kapelle auf der Hilarion-Burg das einzige Gotteshaus der Insel, dessen Kuppel auf acht Pfeilern ruht – gewöhnlich sind es vier.

Viele der Fresken sind inzwischen zerstört worden, oft waren dabei Kunsträuber am Werk. Fachmännisch abgelöste Wandmalereien geben jedoch ältere Heiligenbilder frei (tgl. 9–17 Uhr).

Güzelyurt (Morfou) 8

Die 13 000 Einwohner zählende Kleinstadt liegt inmitten großer Zitrusplantagen. Bis 1974 war Morfou eine weitgehend griechische Stadt. Viele der Bewohner stammen aus den ehemals türkischen Weindörfern des Troodos.

Neben der schlichten **Arab-Ahmet-Paşa-Moschee** und einem kleinen **Museum** ist in erster Linie die ***Kirche Agios Mamas** (18. Jh.) sehenswert, in der einige antike Architekturfragmente verbaut sind – darunter zwei Säulen. Unter einem gotischen Bogen, in dem Tafelbilder die Lebensgeschichte des Heiligen Mamas schildern, ruht sein byzantinischer Sarkophag.

Auf vielen Ikonen und auf einem Relief am Westportal reitet Mamas, in dem die Gestalten eines Hirten und eines Eremiten verschmolzen sind, auf einem Löwen und trägt dabei ein Lamm auf dem Arm. Außer als Beschützer der Tiere wird er auch als Patron der Steuerschwindler verehrt. Dazu weiß der Volksmund, dass der Heilige eines Tages nach Nikosia vorgeladen wurde, um vor dem byzantinischen Statthalter zu begründen, warum er keine Steuern bezahle. Unterwegs bändigte

Karte Seite 110

Mamas einen Löwen, der gerade ein Lamm verschlingen wollte, und ritt auf dem König der Tiere in der Hauptstadt ein. Als der Gouverneur dies hörte, verzichtete er auf die Begegnung. Auch die Steuereintreiber sollen es nie mehr gewagt haben, den Heiligen zu belästigen.

Den Schlüssel verwahrt man im Bischofspalast, der heute ein naturkundliches und archäologisches **Museum** beherbergt. Bekanntestes Ausstellungsstück ist eine Statue der »vielbrüstigen«, tatsächlich mit den Hoden von Opferstieren behängten Göttin Artemis von Ephesos (tgl. Juni bis Sept. 9–19 Uhr, Okt.–Mai 9–12.30, 13.30–17 Uhr).

Busverbindung

Mo–Sa tagsüber nach Nikosia und Girne

Restaurant

Niyazi Şah
am Kreisverkehr nördl. des Zentrums
Gute Meze- und Grillgerichte, am Wochenende Musikprogramm. ●

Lefke 9

In Gemikonağı, dem »Ruheplatz der Schiffe«, zeugen verlassene Halden, verrostende Silos und ein ins Meer ragendes Förderband davon, dass hier einmal Kupfererz verladen wurde. Der schon in der Antike betriebene Abbau wurdein den 1960er-Jahren mangels Rentabilität eingestellt.

Das etwas landeinwärts gelegene Städtchen Lefke überrascht mit üppigen Gärten und Palmenhainen. Die Studierenden der European University und die aus aller Welt kommenden Schüler des greisen Sufimeisters Nazim al-Haqqani geben dem Ort ein hier nicht erwartetes internationales Flair.

Hotel

Lefke Gardens
Tel. 728 8223, Fax 728 8222
Dorfhotel mit 21 Zimmern in einem liebevoll restaurierten Altbau mit idyllischem Innenhof. ●

Nightlife

Die CMC Bar
in Gemikonağı überrascht mit viel Nostalgie und echt britischen Fish & Chips.

*Soli 10

Schwedische Archäologen fanden vor gut 60 Jahren auf dem Ruinenfeld der antiken Kupferstadt die Statue der »Aphrodite von Soli«. Die von der Fremdenverkehrswerbung zum Wahrzeichen des antiken Zypern hochstilisierte Marmorstatue aus dem 2. Jh. v. Chr. war tatsächlich nur das Serienprodukt einer namenlosen Werkstatt nach dem Typus der Knidischen Aphrodite von Praxiteles. Heute hat sie jedoch einen Ehrenplatz im Nationalmuseum.

Vor Ort ist das weitgehend rekonstruierte römische Theater sehenswert, von dessen Sitzrängen man einen herrlichen Blick hat. Machen Sie auf der Bühne eine Singprobe und überzeugen sich von der hervorragenden Akustik.

Archaisches Kunstwerk in Vouni

Den Boden der Basilika schmücken Mosaiken mit Tierdarstellungen, darunter das besonders gelungene Bild eines Schwans. Eine Inschrift bittet: »O Christus, rette den Spender dieses Mosaiks«. Ein Blechdach schützt die Mosaiken vor der Zerstörung durch Wind und Wetter. Bisher wurde bei den Ausgrabungen nur ein Bruchteil des Stadtgebietes freigelegt (tgl. 9–17 Uhr, Juni bis Sept. bis 19 Uhr).

*Palast Vouni 11

Auf einem Hügel 235 m über dem Meer residierten 498–449 v. Chr. die persischen Statthalter, die sich im griechenfreundlichen Soli nicht sicher fühlten. Sie bauten die Anlage aus und gönnten sich eine komfortable Badeanlage von einer Technik und Finesse, wie sie die Römer erst Jahrhunderte später erreichten. Erhalten sind nur die Fundamente des im 4. Jh. abgebrannten Palastes, doch allein Aussicht und Atmosphäre sind den Ausflug hierher wert (tgl. 10 bis 17 Uhr).

Famagusta (Gazimağusa) 12

Mit der Teilung Zyperns fiel Famagusta in einen Dornröschenschlaf. In der von mächtigen Wallanlagen geschützten Altstadt streben gotische Kirchenruinen gen Himmel, byzantinische Kapellen verstecken sich zwischen Gärten und Gemüsefeldern. Längst füllt die von den Türken Gazimağusa, von den Griechen Ammochostos genannte Stadt (36 000 Einwohner) den Mauergürtel nicht mehr aus. 365 Gotteshäuser soll sie einmal besessen haben – davon sind heute noch ca. 25 Kirchen auszumachen.

Nur wenige Betonbauten stören das Ensemble der Altstadt. Nachtleben darf man nur im Universitätsviertel draußen an der Straße nach Salamis erwarten. Quer über den Badestrand verläuft ein Stacheldrahtzaun und riegelt das ehemalige Hotelviertel Varosha ab. Geblieben sind den Einwohnern Famagustas und den Feriengästen jedoch die weiten Sandstrände im Norden.

Ptolemaios II. gründete den Ort im 3. Jh. v.Chr. und benannte ihn nach seiner Gattin Arsinoë. Nach dem Fall von Akko (1291) wurde Famagusta, jetzt an der Ostgrenze des christlichen Abendlandes, zur Drehscheibe im Handel zwischen Orient und Okzident. Christliche Flüchtlinge aus Palästina ließen sich nieder.

Die christlichen Gemeinden wetteiferten mit immer prächtigeren Kirchenbauten. Die Blütezeit der Stadt währte jedoch keine 100 Jahre. 1372 fiel Famagusta in die Hände der Genuesen, die es rücksichtslos auspressten und mit hohen Zöllen und Steuern somit die international großen Handelshäuser vertrieben. Auch in der venezianischen Zeit (1489–1571) erreichte die Stadt nicht mehr ihre frühere Bedeutung.

Zwischen Landtor und *Kathedrale St. Nikolaus

Das **Landtor** Ⓐ, durch das man heute die Stadt betritt, wurde erst von den Osmanen errichtet. Zuvor führte der Weg über eine Zugbrücke und mitten durch die Bastion **Ak Kule** Ⓑ. Durch die Istiklâl Caddesi, die Einkaufsstraße der Stadt, gelangt man zur Ruine des **Palazzo del Provveditore** Ⓒ, des

Ⓐ Landtor
Ⓑ Ak Kule
Ⓒ Palazzo del Provveditor
Ⓓ Kathedrale Sankt Nikolaus
Ⓔ Seetor
Ⓕ Hafenzitadelle

Blick auf Famagusta und die Kathedrale Sankt Nikolaus

Palastes der venezianischen Statthalter. In einem Seitentrakt wurde einige Jahre der türkische Dichter Namik Kemal (1840–1888) gefangen gehalten, ein Freigeist, der heute als intellektueller Wegbereiter des türkischen Nationalstaats verehrt wird. Seine Büste steht am Hauptplatz im Schatten einer mächtigen Sykomore (eine Art Feigenbaum), die mit 700 Jahren der älteste Baum auf der Insel ist.

11 Der Baum gedieh schon, als 1298 bis 1326 die frühere katholische ***Kathedrale Sankt Nikolaus** D erbaut wurde. Heute wird sie auch Lala Mustafa-Moschee oder im Volksmund Agia Sofya-Moschee genannt. Neben der Sophienkathedrale in Nikosia war Sankt Nikolaus die zweite Krönungskirche der Lusignan-Herrscher. Die nach dem Vorbild der Kathedrale von Reims gestaltete Westfassade und die mit Maßwerk verzierte Portalseite sind Meisterwerke der Gotik. Ein Erdbeben und die Kanonenkugeln der osmanischen Belagerer haben die Türme der Kathedrale stark beschädigt.

Hauptattraktion der Altstadt sind neben den Kirchen die imposanten Befestigungen, die nach Plänen von Giovanni Sanmicheli (gest. 1558), einem Neffen des Festungsbaumeisters Michele Sanmi-

Karte Seite 125

cheli, errichtet wurden. Wer etwas Zeit hat, dem sei der Rundgang um den 3 km langen, mit großen Steinquadern und 15 Bastionen verstärkten **Wall** empfohlen.

Am Hafen

Auf der Hafenseite des **Seetors** E (1496) prangt ein geflügelter Markuslöwe. Auch die Stadtseite wird von einem steinernen Löwen bewacht. Der Sage nach **birgt er in seinem Schlund einen Schatz**. Falls dieser je geborgen wurde, hat der glückliche Finder darüber striktes Stillschweigen bewahrt.

Über dem Haupteingang der imposanten **Hafenzitadelle** F mit dem Othello-Turm ist neben einem weiteren Markuslöwen der Name des Baumeisters Foscarini eingemeißelt. Der Turm wurde nach Shakespeares Drama benannt, und vielleicht hat sich die vom Autor in einem »Seehafen von Zypern« angesiedelte Intrige um Othello, den »Mohren von Venedig«, hier abgespielt. Von 1506 bis 1508 regierte in Famagusta der Statthalter Christoforo Moro, und der um 1540 hier stationierte Francesco da Sessa trug wegen seiner dunklen Hautfarbe den Spitznamen Capitan Moro (Zitadelle tgl. Juni–Sept. 9–19 Uhr, Mai–Okt. 9–12.30, 13.30–17 Uhr).

Eine nicht weniger blutige Geschichte rankt sich um die an ihrem Leuchtturm leicht erkenn-

Geisterstadt Varosha

Der Stadtteil Varosha, mit seinem feinsandigen Strand und den über 80 Hotels einst Inbegriff des Zypern-Tourismus, ist seit 1974 eine Geisterstadt. Er grenzt unmittelbar an die Demarkationslinie, wird aber vom türkisch-zyprischen Militär kontrolliert. Aus Furcht vor langwierigen Häuserkämpfen in dem rein griechischen Viertel hatten die Invasoren ursprünglich nicht an eine Besetzung gedacht und waren erst nach dem Waffenstillstand in das von den Bewohnern verlassene Quartier eingedrungen. Als ein Faustpfand für zukünftige Verhandlungen ist Varosha auch für türkisch-zyprische Zivilisten gesperrt.

bare **Canbulat-Bastion**. Ihren Eingang sollen die Venezianer bei der türkischen Belagerung mit einer wahren Höllenmaschine gesichert haben: Eine drehbare, mit Messern besetzte Walze drohte jeden Eindringling in Stücke zu reißen. Der todesmutige Canbulat warf sich mit seinem Pferd in die Maschine und zerstörte sie so. Sein Grab bildet den Mittelpunkt eines kleinen Museums zur Geschichte der Stadt (tgl. Juni bis Sept. 9–14 Uhr, Mai–Okt. 9–12.30, 13.30–17 Uhr).

Info

Turizm Ofisi
Im Landtor
Tel. 366 2864
Mo–Fr 9–17 Uhr, Sa/So bis 18 Uhr

Verkehrsmitte

Schiff: Autofähren verkehren mehrmals pro Woche nach Mersin (Türkei) und Latakia (Syrien).
Bus: Der Busbahnhof liegt etwa 500 m vom Landtor entfernt an der Straße nach Nikosia. Nur die Firma İtimat (Fahrten nach Nikosia) hat ihr eigenes Büro am Siegesdenkmal.

Hotels

■ **Palm Beach**
Tel. 366 2000
www.parkheritage.com
Famagustas renommiertestes Hotel, 20 Gehminuten vom Zentrum an einem herrlichen Strand gelegen, unmittelbar vor der Geisterstadt Varosha. Im Winter 2008/2009 von Grund auf saniert, knapp hundert behagliche Zimmer mit Balkon, Pool, Türkisches Bad, Casino. ●●●

■ **Altun Tabya**
Kızıl Kule 9
Tel. 366 5363
Pensionsähnlicher Familienbetrieb in einem ruhigen Teil der Altstadt; 14 einfache Zimmer mit Dusche/WC und Balkon. ●
Weitere Hotels liegen etwa 10 km im Norden am Strand von Salamis.

Restaurants

■ **Cyprus House**
Polat Paşa Bulvarı 32
Tel. 366 4845
Im Winter So Ruhetag
Das Restaurant überzeugt mit folkloristischer Einrichtung und zyprischer Küche, etwa dem Troodos-Huhn in Rotwein-Tomaten-Pilz-Sauce. ●●

■ **Konditorei Petek**
Am Seetor
Täglich von frühmorgens bis Mitternacht
Die beste Konditorei der Insel wartet mit in Vitrinen verlockend präsentierten Schlemmereien auf. Treffpunkt der schicken und reichen Jugend, auch UNO-Blauhelme geben sich hier gern ein Stelldichein.

■ **Monks Inn**
Am Chor der Kathedrale
So Ruhetag
Ein Pub auf britische Art in einem mit Geschmack eingerichteten Gewölbe. Dort gibt es auch Snacks und einfache Gerichte zum Essen.

Strände

Von dem feinen Sandstrand Varoshas ist leider nur der nördlichste Zipfel um das Palm Beach Hotel zugänglich. Weitere Strände findet man Richtung Salamis.

Karte Seite 125

Ausflüge von Famagusta

Barnabas-Kloster 13

Wer beim Dorf Tuzla die Ausgrabungen von Enkomi besuchen will, sollte möglichst archäologische Vorbildung oder viel Phantasie mitbringen. Nur so wird aus den seit 2000 v.Chr. angelegten Fundamenten von Zyperns erster Stadt mehr als nur ein Gewirr von Steinmauern. Auch das **Scheingrab des Nikokreon,** des letzten Königs von Salamis, der sich 311 v.Chr. lieber in die Flammen seines brennenden Palastes stürzte, als sich dem Ptolemaios zu ergeben, ist für Laien nicht mehr als ein Erdhügel am westlichen Ortsausgang von Tuzla.

Interessanter ist das **Kloster des Hl. Barnabas**, einst eines der bedeutendsten Klöster Zyperns. In der 1756 erbauten Klosterkirche schildern übergroße Wandbilder die Geschichte um die Gründung der zyprisch-orthodoxen Kirche: Von einer Vision geleitet, entdeckte Erzbischof Anthemios anno 478 das Grab des heiligen Barnabas. Damit konnte sich die Kirche auf einen Apostel zurückführen und ihre Unabhängigkeit (Autokephalie) von den anderen orthodoxen Patriarchen beweisen. In den ehemaligen Klosterräumen zeigt ein **Archäologisches Museum** eine Auswahl der nach 1974 gemachten Funde, darunter einzigartige Terrakotta-Votivgaben (tgl. 9–12.30, 13.30 bis 17 Uhr, Juni–Sept. 9–20 Uhr).

Im Kloster des Hl. Barnabas

Die Königsgräber

Zwischen dem Barnabas-Kloster und Salamis kann man die Königsgräber besuchen.

Vom 8. bis 6. Jh. v. Chr. wurden hier die Herrscher und Vornehmen von Salamis in monumentalen Steinkammergräbern mit kostbaren Inventaren beigesetzt. Obwohl die etwa 150 bekannten Gräber in der Antike und im Mittelalter geplündert wurden, blieben einige Grabbeigaben erhalten. Schmuck, Tongefäße und Möbel zeigt das Nationalmuseum in Nikosia. Die Pferde, deren Skelette vor Ort im Boden blieben und unter Glas zu sehen sind, zogen die Leichenwagen, wurden erschlagen und verscharrt. Über

Nur ein Bruchteil der Stadt Salamis

das sog. Gefängnis der hl. Katharina (Grab Nr. 50) bauten frühe Christen ein Tonnengewölbe – hier soll eine zum Christentum übergetretene Prinzessin lebendig eingemauert worden sein. Lange diente der Bau als Kapelle.

*Salamis 14

Der Überlieferung nach wurde Salamis von dem in Homers »Ilias« gefeierten Troja-Kämpfer Teukros gegründet und nach dessen Heimat, einer Insel vor Athen, benannt. Infolge der Versandung des Hafens, dessen Kaimauern bei ruhigem Wasser auf dem Meeresgrund zu sehen sind, und infolge wiederholter Überfälle der Araber wurde Salamis im 7. Jh. aufgegeben. Mit Ausnahme eines einzigen älteren Grabes datieren diese Gebäude alle aus der hellenistischen und römischen Epoche.

Für den Besuch sollte man sich ausreichend Zeit nehmen, denn die Sehenswürdigkeiten liegen kilometerweit verstreut. Statt sie mit dem Auto abzufahren, sollte man das Areal zu Fuß besichtigen und die Wanderung am Badestrand des Ruinenfeldes erholsam ausklingen lassen. Das römische **Gymnasium** Ⓐ wurde über einer älteren hellenistischen Ringerschule erbaut. Mit seinem von einem Säulengang umgebenen Hof war es weit mehr als eine Sportstätte. Hier traf sich die Männerwelt, diskutierte über Politik und Philosophie und verhandelte Geschäfte. Wie bei allen öffentlichen Gebäuden hatte auch zum Gymnasium nur die Elite Zutritt, die römisches Bürgerrecht besaß.

Unmittelbar an den östlichen Säulengang schließen sich die **Thermen** Ⓑ an. In den Wandnischen des südöstlichsten Raums, eines Sudatoriums (Schwitzraums), sind noch spärliche Mosaiken mit Szenen aus der griechi-

Kopflos

Die Statuen von Salamis, deren schönste im Nationalmuseum ausgestellt sind, wurden allesamt enthauptet. Als Täter kommen neben Frühchristen, denen die heidnischen Symbole ein Ärgernis waren, auch Antiquitätenjäger der venezianischen Zeit in Frage. Schon in der Renaissance wurden antike Köpfe nach Europa verschleppt.

schen Mythologie erhalten. Die Nischen wurden spätestens während des Bilderstreits zugemauert, um die heidnischen Bilder den Blicken der Gäste zu entziehen. Das Wasser für das Badehaus und die ganze Stadt wurde über ein **Aquädukt** Ⓒ, von dem man an der Abzweigung zu den Königsgräbern noch Spuren sieht, über 60 km aus Kythrea herangeführt.

Vorbei an der Tribüne des Stadions und den Resten einer Arena erreicht man das römische **Theater** Ⓓ. Mit Plätzen für 20 000 Zuschauer war es eines der größten im gesamten Mittelmeerraum. In der Mitte der halbrunden Orchestra (Bühne) stand in der Antike ein Dionysos-Altar. Zwanzig der einst fünfzig Sitzreihen wurden restauriert.

Im Sommer werden gelegentlich Theater- oder Folkloreaufführungen veranstaltet. Salamis ist tgl. von 9 Uhr bis Sonnenuntergang zu besichtigen.

Restaurant

Kocareis

neben dem Mimoza-Hotel

Dieses gemütlicheStrandrestaurant bietet frischen Fisch und einige Tagesgerichten, dazu Salate und Bier. ●●

Wachturm der Burg von Kantara

İskele 15

In der Kreuzkuppelkirche Panagia Theotokos des Verwaltungsstädtchens wurde ein **Ikonenmuseum** eingerichtet. Exzellente Fresken sind die Auferstehungsszenen in der Südkuppel und vor der Apsis (tgl. Okt.–Mai 9–12.30, 13.30–17, Juni–Sept. 9–14 Uhr).

Restaurant

Moon over the Water
Boğaz Yolu
İskele-Bahceler
Tel. 371 3297
Di–Sa ab 18 So ab 12 Uhr, Mo Ruhetag
Kinderfreundliches Restaurant/Pub direkt am Strand mit britischer und mediterraner Küche. ●●

Boğaz 16

Neben dem Kai des Fischerhafens verführt ein Sandstrand mit Liegen und Sonnenschirmen zum Faulenzen. Die **Fischtavernen Kemalın Yeri und Karsel** haben einen so hervorragenden Ruf und werden auch von Ausflüglern aus dem griechischen Teil der Inseln gerne besucht.

*Kantara 17

Von dem gleichnamigen Ort aus erreicht man in einem halbstündigen Spaziergang die Burg Kantara (700 m ü. d. M.). Als die östlichste der drei Burgen auf dem Kamm des Beşparmak wurde sie im 10. Jh. errichtet, im 14./15. Jh. hielten die Lusignans hier genuesische Widersacher in Schach. Die Venezianer gaben Kantara auf – einer Seemacht mussten Burgen im Gebirge nutzlos erscheinen (tgl. Juni–Sept. 9–17 Uhr, Okt. bis Mai 9–12.30, 13.30–17 Uhr).

Büyükkonuk 18

Das von knorrigen Oliven- und Johannisbrotbäumen umgebene Bauerndorf bemüht sich um sanften, ökologisch orientierten Tourismus. Angeboten werden z.B. Töpferkurse, Schafe hüten und Ausritte per Esel, auch eine alte Olivenmühle kann sich sehen lassen. Dreh- und Angelpunkt aller Aktivitäten – inzwischen auch Unterkunft im B&B, geführte Wanderungen und Radtouren ist das **Handwerkszentrum Delcraft**

Karte Seite 112

(www.ecotourismcyprus.com), das Stickereien und etliches andere Kunsthandwerk verkauft.

Karpaz 19

Zyperns abgelegener »Pfannenstiel« mit nur wenigen Hotels und Pensionen bleibt für die großen Reiseveranstalter ein weißer Fleck – und damit ein Paradies für Individualisten. Viel Natur, durch die wilde Esel streifen, herrliche Dünenstrände, freundliche Menschen und Zeugnisse längst untergegangener Kulturen.

Yenierenköy 20

Der Ort bietet mit dem Halk Plajı und der Bucht Malibu zwei schöne Badestrände. Im Nachbardorf Sipahi findet man die Reste der Basilika **Agia Trias** (5. Jh.). Neben Säulenstümpfen sind Bodenmosaiken mit geometrischen Mustern erhalten (tgl. Juni–Sept. 9–17, sonst 8–12.30, 13.30–17 Uhr).

Info

Karpaz Turizm Ofisi
Yenierenköy][Tel. 374 4984
Tgl. 9–13, 14–17 Uhr

Hotel

Club Malibu Beach Hotel
Malibu Plajı][Tel. 374 4264
www.clubmalibucy.com
Neues Strandhotel mit Tauchzentrum und Restaurant, hell, kühl, sauber. ●●

Dipkarpaz 21

Im größten Ort der Halbinsel Karpaz steht die »Weiße Kirche« **Agios Synesios** im Schatten einer neuen Moschee. Die Griechen haben ihr Teehaus und können ihre Kinder in eigener Schule unterrichten.

Hotel

Arch House Hotel
Tel. 372 2009
www.karpazarchhouses.com
Ein alter Gutshof am Ortsrand wurde zu Ferienapartments umgebaut. ●

Ausflüge von Dipkarpaz

Kaleburnu 22

Aufmerksame Spaziergänger entdeckten im Sommer 2004 auf dem **Kraltepe** (»Königshügel«) bei Kaleburnu einen vergrabenen Tonkrug – und damit eine archäologische Sensation, denn das Behältnis enthielt allerlei metallene Gefäße und Werkzeuge aus der Bronzezeit. Jetzt erforscht Uwe Müller von der Universität Famagusta gemeinsam mit deutschen Experten und Studenten den Hügel. Und hat dort Spuren eines Palasts und einer Siedlung freigelegt.

Restaurant

Tepe
Kumyalı][Tel. 375 5251
www.tepe.4t.com
Ca. 20 km westlich an der Straße nach Boğaz. **Gutes Essen, z.B. Spießbraten, mit Panoramablick.** ●● Echt gut!

Agios Filon 23 und Effendiler 24

Aus den Trümmern der von den Arabern zerstörten Stadt Kapasia, der die Halbinsel den Namen verdankt, wurde im 10/11. Jh. die

Bedrohte Schildkröten

Die zunehmende Verschmutzung des Mittelmeeres und die Erschließung seiner Sandstrände für den Fremdenverkehr engen den Lebensraum der Unechten Karettschildkröte Caretta caretta und der Grünen Meeresschildkröte Chelonia mydas zusehends ein. Obwohl die Tiere streng geschützt sind und ihr Fleisch längst aus den Supermarktregalen verschwunden ist, erreicht nur noch eine von 4000 jungen Schildkröten das Erwachsenenalter, in dem sie ihrerseits für Nachwuchs sorgen kann.

Auch auf Nordzypern engagieren sich Tierfreunde für den Schutz der gepanzerten Urviecher und bitten mit Schildern an den Badestränden um entsprechende Rücksichtnahme. Die Küsten des Karpaz sind eines der letzten Rückzugsgebiete, in denen die Schildkröten ihre Eier noch weitgehend ungestört ablegen können. In den Frühsommernächten kommen die bis 1 m langen und bis 250 kg schweren Weibchen an Land und graben mit großer Kraftanstrengung ein Loch in den Sand, in dem sie ihre etwa 40 tennisballgroßen Eier ablegen. Sofern keine Füchse, Sandburgen bauenden Kinder, Sonnenschirme oder Autoreifen die Gelege zerstört haben, schlüpfen nach knapp zwei Monaten die Jungen, schaufeln sich frei und rennen um ihr Leben zum Wasser. Das Schauspiel just zur touristischen Hochsaison lockt immer wieder Gaffer an, die die aus Tierfilmen bekannten Bilder »live« erleben wollen – und für die Jungtiere zum Verhängnis werden: Da die kleinen Schildkröten sich an der Lichtspiegelung des Mondes auf dem Meer orientieren, werden sie durch jedes künstliche Licht verwirrt und können sich daher nicht in Sicherheit bringen.

Kreuzkuppelkirche **Agios Filon** gebaut – vor dem blauen Meer ist sie ein attraktives Fotomotiv.

In **Effendiler** (griechisch *Afendrika*) endet der Fahrweg. Disteln und Macchia überwuchern hier etliche nie ausgegrabene Ruinen. Ein Kirchlein, dem Stil nach unter der Lusignan-Dynastie errichtet, ist noch einigermaßen intakt.

12 Golden Beach 25

An der Südseite der Halbinsel führt die Teerstraße zu diesem endlos langen, unverbauten Sandstrand mit traumhaften Dünen.

Für die Meeresschildkröten, die hier ihre Eier ablegen, hat das Umweltministerium ein Schutzprojekt initiiert. Die Vermieter der Strandhütten sind zugleich ehrenamtliche Tierpfleger (z.B. Hasan's Turtle Beach, www.hassansturtlebeach.com; ●).

*Kloster Agios Andreas 26

Wo sich das Kloster erhebt, soll der reisefreudige Bruder des Apostels Petrus an Land gegangen sein und für seine halbverdursteten Seeleute eine Quelle aus dem Fels geschlagen haben, die noch heute in einer fränkischen Kapelle plätschert. Auf dem Platz vor der Klosterkirche reihen sich Marktstände mit viel Kitsch, Kunst und Devotionalien.

Hotels

■ **Blue Sea Hotel**
Tel. 372 2393
www.blueseahotel.org
Das Hotel an der Straße nach Agios Andreas bietet schlichte Romantik. ●

■ **Burhan Golden Beach**
Tel. 0533 84 1051
http://cyprusgoldenbeach.com
Robinsonade am Dünenstrand. ●

Aus Schutt und Asche erstanden: die Kirche Agios Filon (10./11. Jh.)

Infos von A–Z

Ärztliche Versorgung

Viele Ärzte sprechen englisch. Sprechzeiten: Mo–Fr 9–13 und 16–19 Uhr. Notdienste erfährt man aus den Zeitungen, in Südzypern auch unter Tel. 192. In Limassol praktiziert die Deutsch sprechende Ärztin Sylke Hadjivassilis, 64 Agias Fylaxeos, Tel. 2537 3666.

Behinderte

- Infos bei: **Pancyprian Organisation for Disabled Persons**, 50 Pendelis St., Strovolos, P. O. Box 23526, Nikosia, Tel. 2242 6301
- Weitere Hinweise gibt »Reisen mit Handicaps« der **Bundesarbeitsgemeinschaft Hilfe für Behinderte e. V.**, Kirchfeldstr. 149, 40468 Düsseldorf, Tel. 0211/310 060, www.bagh.de.

Hotels mit Einrichtungen für Körperbehinderte sind im Hotelverzeichnis der Cyprus Tourism Organisation besonders gekennzeichnet.

Devisenbestimmungen

In Südzypern gibt es für die Ein- oder Ausfuhr von Landes- oder Fremdwährung keine Beschränkungen. Beträge im Wert von mehr als 12 500 € müssen jedoch deklariert werden. Bei der Einfuhr in den türkischen Landesteil müssen Beträge ab 5000 € deklariert werden. Die Ausfuhr ist auf 5000 € bzw. den deklarierten Betrag begrenzt.

Diplomatische Vertretungen

- **Deutschland**

Botschaft: 10 Nikitaras, Nikosia, Tel. 2245 1145, Fax 2266 5694, Mo–Do 7–15 Uhr, Fr 8–14 Uhr, www.nikosia.diplo.de
Büro im türkischen Sektor: 28 Kasım Sok. Nr. 15, Lefkoşa, Tel. 227 5161, Mo–Fr vormittags

- **Österreich**

Botschaft: 34 Dimosthenous Severi, Nikosia, Tel. 2241 0151, Fax 2268 0099, nicosia-ob@bmeia.gv.at, Mo–Fr 9–12.30 Uhr

- **Schweiz**

Botschaft: 46 Th. Dervis, Nikosia, Tel. 2246 6800, Fax 2276 6008, www.eda.admin.ch/nicosia, Mo–Fr 9–12 Uhr

Ein- und Ausreise

In beide Landesteile können Schweizer und EU-Bürger mit gültigem Reisepass oder der Identitätskarte bzw. dem Personalausweis einreisen. Der bei der Einreise in den türkischen Landesteil ausgehändigte Stempelzettel muss bis zur Ausreise aufgehoben und dann wieder abgegeben werden.

Wer vom griechischen in den türkischen Landesteil oder umgekehrt reisen möchte, muss bestimmte Sektorenübergänge mit Ausweis- und Zollkontrolle passieren. Mitbringsel aus dem jeweils anderen Landesteil sind dabei nur bis zum Gegenwert von 135 € erlaubt.

Die Sektorenübergänge sind rund um die Uhr geöffnet und befinden sich (Stand Sommer 2008) in Nikosia (Agios Dometios für Autofahrer, Ledra Palace und Ledra Street für Fußgänger), bei Pyla (Pergamos), bei Agios Nikolaos (Strovilia) und bei Astromeritis (Zodhia). Mietfahrzeuge aus dem Süden dürfen in den türkischen Landesteil fahren, sofern der Verleiher dies erlaubt. Dazu muss am Sektorenübergang eine zusätzliche Haftpflichtversicherung abgeschlossen werden.

Mit Mietfahrzeugen aus dem Norden ist die Einreise in den Süden nicht möglich. Dies geht nur mit einem entsprechend versicherten Privat-Pkw.

Über aktuelle Entwicklungen können Sie sich unter www.auswaertiges-amt.de informieren.

Elektrizität

Die Netzspannung beträgt 220 bis 240 Volt Wechselstrom. Adapter für Stecker verleihen die meisten größeren Hotels.

Feiertage

Im griechischen Landesteil:

- 1. Januar: Neujahrstag
- 6. Januar: Dreikönigstag
- 25. März: griech. Unabhängigkeitstag
- 1. April: griech.-zypr. Nationalfeiertag
- 1. Mai: Tag der Arbeit
- 15. August: Mariä Entschlafung
- 1. Oktober: zypr. Unabhängigkeitstag
- 28. Oktober: griech. Nationalfeiertag
- 25./26. Dezember: Weihnachten

Die beweglichen Feiertage Rosenmontag, Karfreitag, Ostersamstag bis Ostermontag und Pfingsten werden nach dem orthodoxen (julianischen) Kalender berechnet und sind in der Regel einige Wochen nach unseren entsprechenden Festen.

Im türkischen Landesteil:

- 1. Januar: Neujahrstag
- 23. April: türk. Unabhängigkeitstag
- 1. Mai: Tag der Arbeit
- 19. Mai: Tag der Jugend u. des Sports
- 20. Juli: Tag des Friedens, zur Erinnerung an die Invasion 1974
- 1. August: Tag d. Befreiungskampfes
- 30. August: Sieg der Türken 1922 über die Griechen
- 29. Oktober: türk. Nationalfeiertag
- 15. November: türk.-zypr. Nationalfeiertag

Die religiösen Feiertage richten sich nach dem islamischen Mondkalender und sind pro Jahr zehn oder elf Tage früher. Die beiden großen Feste Şeker Bayramı (am Ende des Fastenmonats Ramadan) und Kurban Bayramı (das Opferfest im Monat der Pilgerfahrt) werden drei bis fünf Tage lang gefeiert.

FKK

An den Stränden im griechischen Landesteil ist quasi alles erlaubt, sofern noch ein Stückchen Stoff die Blöße bedeckt. Völlig textilfrei badet niemand auf Zypern, jedenfalls dort nicht, wo andere zuschauen könnten. Wo die Einheimischen weitgehend unter sich sind, sollte auf alle Fälle auch die weibliche Brust verhüllt bleiben.

Im türkischen Landesteil sind die Sitten strenger. Hier kann allenfalls an Hotelstränden »oben ohne« gebadet werden.

Geld und Währung

Währungseinheit im griechischen Landesteil ist der Euro. Die Banken und Hotels akzeptieren Reiseschecks sowie alle üblichen Kreditkarten. Mit Visa- oder Eurocard sowie Bankkarte kann auch an Bankautomaten Geld abgehoben werden.

Landeswährung des Nordens ist die Neue Türkische Lira (YTL). Touristische Waren oder Hotelzimmer sind in Euro oder Pfund ausgezeichnet, die dann zum Tageskurs umgerechnet werden.

Die Wechselkurse sind in Nordzypern viel günstiger als in Mitteleuropa. Banken und Hotels wechseln Reiseschecks gegen eine Kommission von 2–5 %. Staatlich lizenzierte private

Urlaubskasse	
Tasse Kaffee	2,50 €
Softdrink (Cola, stilles Mineralwasser)	2,20 €
Glas Bier	3,50 €
Pitta-Sandwich	4,00 €
Kugel Eis	1,75 €
Taxifahrt (Kurzstrecke bis 10 km)	10 €
Mietwagen pro Tag	ab 25 €
1 L Superbenzin	1,20 €

Wechselstuben haben auch am Wochenende geöffnet. Gängige Kreditkarten sind Eurocard, Visa und Diners.

Krankenversicherung

Gesetzlich-Versicherte aus EU-Staaten und der Schweiz genießen auch im griechischen Teil Zyperns Krankenversicherungsschutz. Außerhalb der staatlichen Krankenhäuser und Ambulatorien akzeptieren nur wenige Ärzte die Europäische Krankenversicherungskarte. Es empfiehlt sich der Abschluss einer privaten Auslandskrankenversicherung.

Information

Über den **griechischen Landesteil** informieren vor der Reise die Auslandsbüros von Zyperns Tourismusbehörde CTO. Vor Ort helfen die CTO-Büros in Nikosia, Limassol, Larnaka, Paphos, Polis, Agia Napa und Platres weiter.

Fremdenverkehrszentrale Zypern
Cyprus Tourism Organisation – CTO
In Deutschland

- Zeil 127, 60313 Frankfurt/M.
Tel. 0 69/ 25 19 19, Fax 25 02 88,
info@cto-fra.de
- Wallstr. 27, 10179 Berlin
Tel. 0 30/23 45 75 90, Fax 23 45 75 92,
cto_berlin@t-online.de

In Österreich

- Parkring 20, 1010 Wien
Tel. 01/513 18 70, Fax 513 18 72,
zyperntourist@aon.at

In der Schweiz

- Gottfried-Keller-Str. 7, 8001 Zürich,
Tel. 044/ 262 33 03, Fax 251 24 17
ctozurich@bluewin.ch

In Zypern (Hauptbüro)

- P.O. Box 24535, CY 1390 Lefkosia (Nikosia), Fax 22 33 16 44 (nur schriftliche Anfragen), www.visitcyprus.org.cy

Staatliches Presse- und Informationsamt:
www.moi.gov.cy

Im **türkischen Landesteil** informiert sie das Tourismuszentrum. Auf der Insel gibt es auch weitere Infobüros in Nikosia, Yenierenköy, Girne und Famagusta.

Nordzypern-Tourismuszentrum

- Baseler Str. 35–37,
60329 Frankfurt/M.,
Tel. 0 69/ 24 00 79 46, Fax 24 00 79 48
www.nordzypern-touristik.de

Weitere nützliche Hinweise bietet auch www.holidaysinnorthcyprus.com

Telefon und Handy

- Vorwahl Deutschland: 00 49
- Vorwahl Österreich 00 43
- Vorwahl Schweiz: 00 41
- Nach Südzypern: 00 357
- Nach Nordzypern: 00 90 392

Telefonnummern sind in Südzypern acht-, in Nordzypern siebenstellig.

Mobilfunknetze arbeiten im Standard GSM 900. Dualband-**Handys** funktionieren auf der ganzen Insel, aber in Gebirgsregionen wie dem Troodos nicht immer. Die Mobilfunktarife auch für Auslandsgespräche sind im griechischen Landesteil günstig, so dass sich der Kauf einer Prepaid-Karte auszahlt.

Notruf

In **Südzypern** Tel. 199 und 112 für Polizei, Feuerwehr und Erste Hilfe. In **Nordzypern** gibt es keine einheitliche Notrufnummer. Die Polizei erreicht man unter Tel. 155, die Feuerwehr unter Tel. 199, die Ambulanz unter Tel. 112.

Öffnungszeiten

In Südzypern

- **Banken:** Mo–Fr 8.30–12.30 Uhr, in Nikosia auch Mo–Fr 16–18.30 Uhr (Okt.–April 15.30–17.30 Uhr)
- **Behörden, Post:** Mo–Fr 7.30 bis 14.30 Uhr, Do auch 15–18 Uhr
- **Geschäfte:** Gesetzlicher Ladenschluss ist April–Okt. Mo, Di, Do, Fr um 20 Uhr, Mi 15 Uhr, Sa 19.30 Uhr,

Nov.–März Mo, Di, Do, 19.30 Uhr, Mi 15 Sa 19 Uhr. Souvenirläden in den Ferienorten schließen erst spät abends.

In Nordzypern

- **Banken:** Mo–Fr 8.30–12, 14.30–16 Uhr
- **Behörden:** Okt.–April Mo–Fr 8–13 Uhr, 14–17 Uhr; Mai–Sep. Mo–Fr 7.30–14 Uhr, Mo auch 15.30–18 Uhr
- **Geschäfte:** im Sommer Mo–Sa 8–13, 16–19 Uhr; im Winter Mo–Sa 8–13, 14–18 Uhr; Lebensmittelgeschäfte tgl. bis gegen 20 Uhr
- **Post:** Mo–Fr 8–13, 14–17 Uhr, Sa 8.30–12 Uhr

Post

Aus **Südzypern** kostet ein Luftpostbrief (bis 20 g) nach Europa derzeit 0,53 €, eine Postkarte 0,45 €.

In **Nordzypern** muss man auf den Standardbrief ins Ausland Briefmarken im Wert von 0,80 YTL kleben, auf Postkarten Briefmarken im Wert von 0,70 YTL. Da Nordzypern die Aufnahme in den Weltpostverein bisher verweigert wird, läuft die Auslandspost über die Türkei.

!! Auf Sendungen nach Nordzypern dürfen Sie keinesfalls »Zypern« schreiben, da der Brief sonst im Süden landen und nicht mehr weiterbefördert werden würde. Die Post muss wie folgt adressiert werden: »Mersin 10, Türkei«.

Religiöse Stätten

Beim Besuch von Klöstern, Kirchen und Moscheen wird angemessene Kleidung erwartet. Schultern und Beine müssen bedeckt sein. In den oft besuchten Klöstern wie etwa Kykko verteilt man bei Bedarf Tücher und Umhänge.

Sicherheit

Zypern ist nach wie vor eine geteilte Insel. Die Pufferzone zwischen Nord und Süd ist militärisches Sperrgebiet und teilweise vermint. Auch sei davor gewarnt, die seeseitige Verlängerung der Demarkationslinie schwimmend oder etwa mit Booten zu überqueren. Aktuelle Sicherheitshinweise finden Sie auf der Website des deutschen Auswärtigen Amtes unter www.auswaertiges-amt.de. Ansonsten gelten die üblichen Vorsichtsmaßnahmen gegen (Taschen-)Diebstahl u.Ä.

Trinkgeld

Im Restaurant sind bis zu 10 % der Rechnungssumme als Trinkgeld üblich. Taxifahrer erwarten eine Aufrundung des Fahrpreises. Das Zimmerpersonal der Hotels rechnet mit einem Trinkgeld.

Zeit

Auf Zypern gilt die osteuropäische Zeit. Aufgrund gleicher Sommerzeitregelung wie in Mitteleuropa sind die Uhren immer um 1 Std. vorzustellen.

Zollbestimmungen

Für Bürger der Europäischen Union sind Dinge des persönlichen Bedarfs zollfrei (für Personen ab 17 Jahre 800 Zigaretten, 200 Zigarren, 90 l Wein und 10 l Spirituosen). Für in Nordzypern erworbene Waren gelten die Regeln für Nicht-EU-Länder: Zoll- und steuerfrei sind für Personen ab 17 Jahre 200 Zigaretten, 4 l Wein, 2 l andere Alkoholika unter 22 Vol.-% oder 1 l mit mehr als 22 Vol.-% sowie Waren im Wert von bis zu 430 €, für unter 15-Jährige 175 € (Details unter www.zoll.de).

In die Schweiz ist das Mitnehmen von 200 Zigaretten, 2 l Wein und 1 l Spirituosen erlaubt. Andere Waren des persönlichen Bedarfs oder Geschenke sind bis zum Gesamtwert von 300 CHF abgabefrei.

Von Nord- nach Südzypern dürfen nur Waren im Wert von bis zu 135 € gebracht werden, davon maximal 40 Zigaretten und 1 l alkoholische Getränke.

Register